编委会名单

主　任
何　毅

编　委
吴　敏　夏　磊　王翠芳　陈　斌　夏　天
陆　玮　康　嫡　刘沙莎　李一凡　季嫣然

序

何建明　中国作家协会副主席

　　古人曰：知古鉴今，以史资政。近来，"四史"学习教育正在全国范围内如火如荼地开展。所谓"四史"，即党史、新中国史、改革开放史、社会主义发展史，反映了我们党和国家百年来的光辉历程。习近平总书记强调，广大党员特别是青年党员要认真学习马克思主义理论，结合学习党史、新中国史、改革开放史、社会主义发展史，在学思践悟中坚定理想信念，在奋发有为中践行初心使命。当前，从党政机关到社区街道，从企业到学校，都在学习"四史"的过程中汲取力量，坚定信仰。"四史"为什么能在这么短的时间内"风靡"全国？常言"读史阅世"，历史是最好的教科书，它可以帮助我们总结经验，吸取教训，从而使我们能够明察当下，展望未来。

　　党史、新中国史、改革开放史和社会主义发展史，是所有中国史学中最集中、最宝贵、最丰满和最先进的内容。我们学习这"四史",必须提倡"原汁原味"地学,而且要学其精华,尤其是要学经典史著。就像读马恩经典著作,一定要从原典开始认认真真、原原本本地学,并从此入手,准确把握精神实质,以此鉴往知来。而对于广大读者来说,有一本通俗易懂、深入浅出的"四史"读物同样十分重要,它可以简而知之,读而不忘。《12堂"四史"公开课》就是这样一本书。这本书涉及红色文化与上海城市精神、上海解放、"一带一路"、中国道路、上海自贸区建设、改革兴邦与依法治国等12个主题,以专题形式,多角度展现"四史"的博大精深与丰富内涵,这是因为每一专题的分享者也都是在这一特定领域拥有极高公信力的专家或学者,比如分享红色文化这一主题的朱鸿召先生,他本人长期从事延安时期社会历史文化研究、现代城市文化发展研究,讲这一主题就特别合适;再如谈上海改革开放的王新奎先生,他本人亲身参与了上海改革开放的许多重要事件,因此这部分内容在他笔下自然特别生动与客观。军事史研究专家刘统写上海解放,历史学家、复旦大学教授葛剑雄写"一带一路",中国研究院院长张维为写中国道路,而他们本身就是史学方面造诣颇深的著名学者,……每一专题都由最合适的作者执笔,这是这本书给我的直观印象。

《12堂"四史"公开课》,其内容是集纳各位专家在上海图书馆讲座课程而成的。作为传播上海各种文化和知识的重要窗口，上海图书馆长期致力于举办各类与时代主题和社会话题紧密贴合的、面向大众的讲座，并收获了丰硕成果。本书正是在上图讲座基础上精心挑选、优化而来，内容丰富，又加上作者精心校正，所以内容丰富而扎实、生动又精炼。因此，相信广大读者能够通过这本书打开"四史"学习的大门，收获意外成果。

读史学史，贵在心思。心入了史，史才会活起来。有心学史者，心明如镜，行之捷善。而"四史"学习，需要"一直在路上"，一直在心上。

目　录

下　篇

继往开来

上　篇

鉴往知来

东方的世界　西方的上海

熊月之　上海社会科学院研究员
　　　　中国史学会副会长

　　这次分享的题目是"东方的世界　西方的上海"。为什么叫东方的世界？近代上海即使外国人最多的时候占比也不超过 3%，97% 以上的人都是中国人，因此，近代上海是以中国人为主的世界。为什么是西方的上海？中国近代所有的城市中，没有哪一个城市受西方的影响像上海那么广泛、持久、深刻，中国城市中上海最国际化。前几年全国各地都在讨论城市精神，北京有一位著名学者写了一篇文章，说各地的城市建设都大同小异，而上海的城市建设最突出的一点就是国际化。因此，今天的主题非常符合上海城市的特性。

　　我长期从事上海城市史的研究，在这里介绍一下近代开埠以后上海城市发展的一些变化，涵盖上海城市的特点、影响、在中国的地位，以及上海不同于其他城市的地方。

2020 年距上海开埠已过去 177 年，距《南京条约》以后五口通商也已有 177 年。五口通商的"五口"指广州、厦门、福州、宁波、上海，其中只有上海一个城市发展最为迅速，远远比其他城市要快要好，其原因是相当复杂的，有历史、经济的原因，还有人为的原因，用中国传统的话说，就是天时、地利、人和。

上海的自然环境可谓襟江带海、腹地广阔，1843 年以后开埠的五个通商口岸中其他四个城市，如果要讲腹地广阔，没有哪一个能跟上海比。近代以前，上海不像西方讲的是荒凉的渔村，但也不像我们常说的那样历史悠久。根据美国著名城市研究学者施坚雅（William Skinner）的研究结果，1843 年，上海在中国城市中排名第 12 位，前面有北京、苏州、广州等，所以上海在开埠的时候既不是荒凉的渔村，也不是了不起的大城市，在全国范围，不能跟北京、广州、武汉比；在长三角这一带，也不能跟杭州、苏州、南京比。 它只是一个普通的沿海县城，是江苏省苏州府上海县。

鸦片战争以后，中国被迫与英国签订《南京条约》并开放五个通商口岸。之前英国人一而再、再而三要求我们开放，乾隆年间，英国就曾派使臣到中国来，商量能不能开几个通商口岸。当时英国工业已经相当发达，大机器生产的大批廉价商品要向外倾销。中国被认为是非常大的市场，因而英国在印度、非洲一带扩张后就要到中国来。乾隆皇帝表示，天朝什么都有，不需要做生意，把使臣挡回去了。过了30多年，英国又派使团到上海，也到北方，还是提出来要开埠通商。我们今天看来，通商是很好的事情，很多内地的地方、城市希望招商引资，但那个时候的观念不一样。1832年英国使团来到上海并提出通商后，上海地方政府断然拒绝。最后中国在鸦片战争中被打败了，才不得不开辟几个通商口岸。

近代以前上海已具备的几个特点与后来上海发展起来，而广州、厦门、福州、宁波没有发展起来有内在的关联。

广州在鸦片战争前是中国唯一对外开埠通商的地方，但是那时候的通商和今天理解的通商不一样，中国对它有很多限制，比如外国商人不能跟中国商人直接接触，而是要通过广州十三行作为中介；外国妇女不能够随便上岸；外国的商人不能随便进城里；外国商人不能停留过冬，必须回到澳门去，回到自己家去；外国妇女不能够上岸，因而外国商人就没有家庭生活。再经过广州十三行的盘剥，很多成本就增加了。这就限制了广州一带的商人，他们没办法把商品倾销到内地，而这也是外国人千方百计地想通过交涉扩展渠道的一个重要原因。以前广东人对外国人是看不起的，就像乾隆皇帝看不起西方人一样。到今天广东人还是把外国人叫做"鬼佬"，就是心理上瞧不起外国人，认为他们没有文化。鸦片战争中，中国在战场上失败了，但是心理上没有失败，广州人在文化方面还是对外国人有强烈的鄙视。当时的广州是岭南最大的城市，是中国在岭南地区的政治中心，而上海只是一个一般的城市。广州人以中华文化的代表自居，所以五口通商以后广州迟迟不开放，不让外国人进去。广州城反对英国人进入，反了整整14年，到1857年第二次鸦片战争以后才被迫让他们进来。当时的通商五口，没有一个地方的官员是欢迎外国人的，都怕麻烦。福州是当时福建省的省会，它是鸦片战争中通商的几个城市里唯一没有被外国侵占过的地方。福州答应开辟为通商口岸，但是外国人来了以后，负责的地方政府官员直接就把他们领到很偏僻的地方，往往是中国商人根本不去、中国人也不住的地方，当然生意做不成。厦门也是这样。福州、厦门一开始都把外国人弄到偏僻的地方，根本无生意可做。宁波对外国商人稍好一点，但因其位于浙北，所以辐射范围远不如上海。

与广东、福建不同，外国人来到上海以后，上海人对他们很友好。当时条约规定，外国人到上海以后不能在码头以外的地方过夜。那时没有火车，一个人一天出去最多

30里路，中午到了，再走30里路回去，到家就是晚上了，只因不许在码头以外的地方过夜。但外国人常常从上海乘小船到很远的地方去，内地的居民对他们很客气，送他们鸡蛋、卖他们水果，对外国人不太排斥。外国的领事馆就写信、打报告回去，说上海跟广东很不一样，广东人对我们是当面吐唾沫、背后扔石头，上海人对我们是半推半就的合作。

上海人为什么不像广东人一样讨厌外国人、反对他们呢？这跟上海人的四个特点有关系：后起、边缘、重商、包容。

第一，后起。上海在中国城市中，尤其是与南京、苏州、杭州这些重要的城市相比，历史比较短。上海到1292年才立县，当时已经是元朝。

第二，边缘。边缘是指上海在以农耕社会为主的中国，将市场眼光向内的时候，处于边缘地带，不被重视。在长三角地带，苏州、扬州、杭州是政治文化更发达的地方，轮不到上海。松江府是政治文化中心，而上海一直处于边缘。

第三，重商。重商是指上海是一个码头，到上海的主要是商人。读书人、当官的人都是到松江、到苏州。上海在整个城市格局中处于相对边缘的地方。边缘有边缘的短处，但也有它的长处。当外来文化进入的时候，边缘地区的反对力量就不强，上海就不像福州、广州那么强烈地感到自己是中华文化的代表，对外国要怎么怎么。在上海，商人有势力，而商人往往南来北往，并不固定。生意常常跟季节有关系，像蚕丝要等蚕茧上来了才有生意，茶叶生意要在茶叶上市了才有生意，没有生意的时候商人就到别的地方去，哪里有钱赚就到哪里去，上海只是他暂时居住的地方之一，不是生根的地方。开埠以后，西方人从广州来到上海，上海的商人发现跟外国人做生意和跟外地人做生意其实没什么差别。那时候没有电视、没有广播、没有报纸，能有钱赚就是很好的事情，所以上海商人愿意跟外国人合作。那时外国的布匹跟松江、苏州的布匹比起来，价钱一样，但是宽度不一样，洋布是土布宽度的三倍，质量又好，折算下来价格是土布的1/3，又好又便宜，因此洋布的生意就有利可图。而在上海，茶叶原来卖不动，外国人一来买，生意就很好。这就是上海的商人不像广东商人那么强烈地排斥外国人，而是很愿意做生意的重要原因。

　　第四，包容。包容是因为南来北往的商人在上海都是客商，大家来来往往，客商互相之间都比较包容，对中国人包容，对外国人也包容。因此外国商人到上海来以后，感受到跟其他地方很不一样的社会氛围。

　　我们常说，租界是国中之国，但是从历史学的角度讲，租界一开始不是国中之国。首先，最初租界只是将土地租给外国人，外国人在此居住，在此经商，租金一亩地1 500文。其次，这个土地的主权是我们国家的，因此租界绝不是殖民地。开始是严格规定华洋分处，外国人住在租界里面，中国人不能住在租界里。如果仅仅是外国人住，没有中国人住，租界的范围就很小，影响也就很小。从1843年开埠，1845年上海开始有租界，一直到1853年，上海都实行华洋分处，中国人可以进去扫马路、卖菜，但不能住在里面。在这8—10年中，租界发展是缓慢的，如果一直像这样发展下去，上海租界影响不会很大。广州就是这样，珠江上有个沙面租界，地方不大，是个很封闭的地方，里面的外国人的房子、绿化、道路都弄得很好，但是范围很小。其范围之所以大不了，就是因为广州的沙面租界一直实行华洋分处，中国人不能在里面住。

上海一开始也是华洋分处，到1853年以后才华洋混杂，起因就是小刀会起义。小刀会起义一共持续了17个月多一点。1853年9月小刀会把上海县城占了，然后清军就打县城，打小刀会，打来打去，打了17个月多，到1855年初才把小刀会镇压下去。小刀会起义发生时，县城里外共有35万人，到小刀会起义被镇压下去以后县城还不到4万人，90%的人都跑了、死了。死的当然是少数，大多数人都跑了，一小部分跑到乡下去，相当大一部分跑到租界里面去。最初的租界是今天外滩河南路以东、黄浦江边、金陵东路那一带，原来是华洋分处，不让中国人进入。但战争发生了，难民涌来了，租界没办法，只好让他们进来。那时英国政府和租界当局都是希望把这些人赶出去，战乱结束以后也不希望这些人留在租界里。因为原来只有两三千人、很容易管理的地方后来进来几十万人，要租房、要消费、要吃饭、要有垃圾出来，这些事情都必须由政府来管。租界当局和英国政府都不希望这个华洋分处变成混处，但租界是个很特别的地方，实行地方自治，权力是靠投票来决定的，靠有钱人投票决定。租界里的商人们觉得混处有好处，人多了，生意就来了，东西就好卖了，房地产就起来了，因此欢迎华洋混处。小刀会起义的时候，上海房地产的涨幅远远超过我们这些年上海房地产涨价的幅度。随便什么地方盖个房子，马上就有人来住，最早一批老式石库门房子就是这个时候开始建起来的。石库门房子的容积率比较高，房子比较密集，在有限的面积里可以盖更多的房子，容纳更多的人。盖房子的人和出租房子的人，也就能赚到更多的钱。因此商人投票的结果是欢迎华洋混处，就修改章程，上海租界就变成了"国中之国"，租界变成了中国政府管不到的地方。

那时候中国政府干什么去了，上海地方政府干什么去了？怎么不管国家的主权，不管地方的主权？怎么就让外国人占领了呢？这就是因缘际会。1853—1854年，清朝正处在一个生死存亡的关键时刻，太平天国把南京攻下变成了天京，清政府从各个地方调动军队来镇压太平军，打不过，只好用曾国藩他们来打。那时候真的是很困难，清政府顾不过来。而上海地方政府更复杂！小刀会占领县城以后，把知县袁祖德杀掉，又把上海道台吴健彰抓起来。小刀会起义首领刘丽川和吴健彰是广东香山老乡。道台是广东人，到上海来做官，旁边必须有一批听得懂地方话的人帮他，小刀会把吴健彰道台身边的人都发展成小刀会的会员。吴健彰身边一个最重要的谋士，是小刀会潜伏、埋伏在他身边的"地下党"。当时道台银库里有几十万两银子，道台要把银子弄走，他身边的人知道后就把信息捅给小刀会，小刀会就要把这银子抢出来。因此小刀会起义最初是为了这几十万两银子，但起义以后事情发生了很复杂的变化。话说回来，小刀会起义后吴健彰被刘丽川抓住，老乡关系就发生作用了，刘丽川弄个绳子从城墙上垂下去，偷偷把吴健彰放走。吴健彰逃出以后，怕被清朝政府杀头，就拼命想办法弄钱送给清朝政府镇压太平军。吴健彰在一条船上办公，连个办公室都没有，根本管不了上海地方的事情，上海的地方政府基本处于瘫痪状态。

各种各样的因素凑在一起以后，1854年以后上海租界的性质就变了，从华洋分处变成了华洋混处。租界的政府就是工部局，管理社会治安有巡捕，犯法有法庭处理，这不就变成"国中之国"了吗？近代中国一共有26个租界，上海最初有3个租界：英租界、美租界、法租界，后来英租界和美租界并成一个公共租界，就只有两个租界。上海后来发展很快，五口通商，独占鳌头，有多方面的原因，有自然环境原因，有近代以前的历史原因，有开埠以后人文的原因，内外因素错综复杂，导致上海租界变成了"国中之国"。

上海在近代以后出现了一个我们今天很难想象的奇怪格局，叫"一市三治"。一市就是一个大城市，大上海。三治，就是三个政府管理。近代上海有三个政府：一是公共租界，管苏州河南北，延安路以北那一大块地方；二是法租界；然后是华界，包括南市、闸北两块。三个政府，三套法律。电压都不一样，有110伏，也有220伏。电车轨道不一样，从闸北通过公共租界、法租界到南市要换三次车。黄包车执照也不一样，每个区域有自己的牌照，一个黄包车夫至少要捐两张牌照才能够跨区域，否则只能在自己区域里营生。法律的差异更是很难想象。在华界里认为是最该杀头的事情，到租界里摇身一变成了民主权利。比如，在租界里骂清朝政府没关系，因为没有杀人放火，但如果是在华界里骂，就要抓起来杀头的。不同的法律在不同的国家，或者在不同的地方实行，其实没什么关系，比如香港地区的法律跟广东法律是不一样的，但因为两个区域有明确界限，因而总体可行。但那时候上海不同区域间是直通的，情况就非常复杂。

复杂到什么程度？我举几个例子。在公共租界和法租界交界的地方，即今天的延安东路，原来是洋泾浜，洋泾浜是1914年以后才填平的。洋泾浜上因为各种各样的需要造了九座桥（西藏中路和延安中路路口的八仙桥就是其中之一），桥上就是两个租界的人做生意、进行交换的场所。那时很多人不会讲外语，或者讲外语是"硬乔乔"(沪语)，就把在洋泾浜上讲的英语叫"洋泾浜英语"，今天我们还是习惯将不太标准的英语叫做"洋泾浜英语"。洋泾浜是走私贩毒的绝佳场所。虽然，租界在名义上是反对贩毒、运毒的，但是如果贩毒在桥上交易，巡捕从法租界那边来，法租界那边吹下哨子，毒贩就能从桥上跑到公共租界，法租界的巡捕不能够越过桥来执法，所以跑到桥这边就安全了。反之，如果巡捕从公共租界来，也吹哨子，毒贩便跑到另一边去。桥上于是变成三不管的地方，变成大家都管不到的地方，各种违法乱纪的行为就在桥上滋生，这给上海城市管理带来了极其复杂的问题。在老上海，这种地方很多，公共租界和华界有交界，公共租界和法租界有交界，法租界跟华界又有交界，这些都是管理薄弱的地方。

管理薄弱就变成缝隙，"一市三治"就是这样的特殊格局。各个区域的行政系统不一样：华界用中文，公共租界司法、公文、法庭判案都用英文，法租界判案、公文用法文。司法系统、治安系统不一样：公共租界巡捕多为印度人，法租界巡捕多为越南人。门牌号码不一样，尤其是电话号码，常常是两个区、三个区都有同样的号码，一不小心跳号了会打到另外一个区去。此外，教育系统、卫生系统、货币系统都不一样。

世界上其他任何一个大城市，无论是殖民地城市还是非殖民地城市都不可能像当时的上海一样，纽约、伦敦、巴黎、香港，哪个地方会这样？这就给上海带来一种影响，使它与其他城市不一样，并产生了四大效应：示范效应、缝隙效应、孤岛效应、集散效应。

示范效应。中国有 26 个租界，天津有 9 个租界，汉口有 5 个租界，但没有哪一个租界比上海的租界大，上海租界的面积加起来是全国其他 23 个租界面积的 1.5 倍。这就是上海为什么影响那么大、西方的影响基本集中在上海的原因。1949 年以前在上海的外国人最多的时候超过 15 万，今天上海外国人已经超过 15 万。但今天的外国人和那时候的外国人有本质上的不同。今天的外国人是投资经商或者买房的，很少加入中国籍、成为市民。但那个时候的外国人把上海看成是自己的家园，住在这里、生活在这里，有的人就出生在这里，把自己所有的兴趣爱好都放在这里。他们在全世界范围发现有什么好东西都引进来，首先为自己所用。比如，西方有电灯，上海马上有电灯；西方有电话，上海马上有电话；西方有电报，上海马上有电报；西方有自来水，上海马上有自来水。为什么那么快？因为外国人在西方怎么生活，到上海还得这么生活，于是上海的物质文明迅速发展。这对上海的影响就叫示范效应，和灌输是不一样的。他是为了自己用而引进，不是为了灌输。而中国人看在眼里，想在心里，到最后就跟着模仿。

上海人一开始也抵制过自来水，说这个这玩意儿从铁管子里下来白花花的，铁管子从地上出来会阴阳失调，对人身体不好，而且自来水里有漂白粉的味道，有毒。原来城市里都有挑水夫，挑水夫从井里、河里给每家每户的水缸里送水，水牌子一分钱两桶水。自来水的使用和推广会让挑水夫失业，因此反对自来水的人中挑水夫的呼声最强烈。后来上海自来水公司采取办法，聘用挑水夫为员工，解决他们的就业问题，挑水夫的问题就解决了。自来水公司又向每家每户免费送水，让人们逐步接受。那时候常常发生传染病，统计下来租界里的死亡率比华界低，原因是华界垃圾粪便管理不好导致饮水有问题。于是上海人开始觉得自来水好。上海人对外国东西的崇尚、爱好是从心里面涌出来的，这种推崇是从以往的生活中体验出来的，不是靠教科书教出来的，而是有自己的实践体验。所以示范效应对于上海人不断加强与西方的联系有非常密切的关系。

上海在物质文明、制度文明、精神文明方面有很多"第一"：新式旅馆 1846 年出现在上海，照相馆 1852 年出现在上海，自行车、公园 1868 年出现在上海。还可以举出很多"第一"，有线电报、洒水车、垃圾车、电灯、自来水、留声机、画报、气象台、室内游泳池、电影、足球赛等等。在当时整个中国，上海是近代化程度最高的城市，对各种先进事物的引进，像电灯、电话、自来水，不但比内地城市早，而且比其他通商口岸早。今天，天津跟上海是南北比翼齐飞，但在晚清的时候，人家说天津发展得很好，就说天津像"小上海"，那时的天津是不能跟上海相比的。

缝隙效应。三个区域是物理空间上的缝隙，在制度上的缝隙就更大了。我们说辛亥革命期间死亡的人数远远比明清换代死的人少，很重要的原因就是宣传。有了报纸以后，对于人心整合有很大的影响。报纸能够产生广泛影响的最关键之处，就是有租界在。报纸办在租界里，清政府没办法把它们封掉。那时反对清朝政府的报纸的散播，国外主要在日本，国内主要就在上海。在日本撒播的，清政府可以通过海关把相关报纸和书籍禁掉。但是在上海就没

东方的世界　西方的上海

办法了，上海在清朝的统治下，可清朝政府却没办法进租界管理。

最典型的案件就是苏报案。1903年，邹容、章太炎在《苏报》上发表反清的文字。清朝政府跟租界交涉，租界就将章太炎抓进牢里，判了三年，邹容判了两年。这个案件放在其他地方，十个头都给砍掉。在苏报案的同时期，北京也发生过类似的沈金案件，他是个湖南人，在北京被抓到，根本没有经过审判，就用鞭子活活抽死。苏报案之前，吴稚晖、蔡元培他们因在庄园里发表演说被租界多次传讯，一共是六次。每次都问他们有没有杀人放火，有没有私藏军火，杀人放火、私藏军火都是犯法的，这些都没有，便不算犯法，因此他们一共被传讯了六次，都没有问题。而苏报案发生后，章太炎和邹容完全是可以逃避抓捕的，只是因为先前宽松的租界环境而"轻敌"了，这才被捕入狱。他们两个人能跑而没跑，是上海特殊的时候发生的特殊事情，他们的英雄行为跟那时候的环境有关系。

再讲一下《民呼日报》《民吁日报》案件。于右任在陕西闹革命、闹反清，后来又跑到上海，在复旦大学代课，办《民呼日报》，反对清朝政府。清朝政府跟租界进行交涉，要求予以干涉。租界当局就把他抓进去，罚一点款，不久就把他放出来，他还是用原来的印刷机器、原来的人马、原来的报型，只是把"呼"改成"吁"，将日报继续办下去。因此在晚清的时候，清朝政府对上海办的报纸是没办法干涉的，这就影响了清朝政府统治权威。

辛亥革命的时候，别的地方起义都是偷偷的，怕被人家发现，上海地方起义却是早几天就把风声放出去，上海地方政府道台和知县就把金银财宝转移到租界里，起义时就溜之大吉。因此上海县城里没有打枪，没有发生什么事情。只有江南制造局那里打了几枪，因为江南制造局是清朝政府最大的兵工厂，是中央管的，和上海县城不一样。1912年以后，不满意革命的人也跑到租界里反对民国，一大批清朝的遗老如郑孝胥、陈三立（陈寅恪的父亲），在上海租界还是用清朝纪年，不承认民国，照样生活得很好。

当时的上海还有一个我们今天很难想象的特殊制度，就是治安实行市场机制，谁的钱多，保安的级别就高。因此孙中山在上海的时候，有华侨支持多给巡捕钱，这样安全保障就没有问题。上海那个时候保安的级别不看政治制度，不看政治态度，只看钞票，钞票多级别就高。

中国共产党成立的时候，也是利用了这个缝隙。中共一大为什么是在上海法租界举行会议，而不是在其他地方举行？位于新天地的中共一大会址在1921年是上海的边缘，是城乡接合部，不是今天的样子。上海法租界刚扩张以后，一大会址的前面就是菜地，不远就是农田，是最安全的地方，他们才在那儿开会。二大会址位于现在静安区靠近延安路高架一带，那是两个租界交界的地方，就是靠近缝隙，跟陕甘宁边区一个意思。共产党在 20 世纪 20 年代到 30 年代初的时候曾经有个规定，在上海活动一定要充分利用上海统治薄弱的地方。据邓颖超先生回忆，她跟周恩来在上海搞地下活动，不到一个月肯定换个地方，每到一个地方只要报一个名字，不管是真的假的，只要你交钱就能住下去，没人管你。近代上海户口不像后来上海户口那么值钱，户口没人管，来了就是上海人，走了就不是上海人。

共产党成立后的前 28 年中，中央机关所在地有较长一段时间设在上海，也是因为上海有缝隙可以钻，跟其他地方不一样。

孤岛效应。难民涌入租界是由于近代上海有三样东西提供保护：治外法权、自治、法治。近代中国不断有战争、灾荒，当社会处于动荡不定时，安全就是最宝贵的资源。每一次战争，无论是外战还是内战，上海就宣布中立，跟战争切断关系，太平天国运动以后，战争都不在上海发生。近代中国在外地当官的都把资产放在上海，在上海买房子、盖房子、做房地产、投资股票，这是因为孤岛效应。所以上海历史文物、历史建筑、住过历史名人的建筑很多，很多历史名人虽然跟上海没有关系，但把钱放在上海，把家安在上海。近代著名的思想家、教育家、翻译《天演论》的严复，是福建人，长期在天津当官，但他把家庭安在上海，不是安在福州，也不是安在天津。严复的夫人在上海开黄包车行，有 30 辆黄包车，严复赚的钱都存到上海，投资商务印书馆。有相当大的一批人都是这样，因为各地有战乱发生，大批移民在非常规的情况下涌入上海，上海人口就快速增长。上海人口在开埠的时候满打满算不超过 20 万，到 1949 年是 546 万，相当于 3 个北京、5 个苏州的人口，是一个特大城市。上海移民中，国内移民占85% 以上，其中江浙最多，广东、安徽、山东的移民也都在10 万人以上，然后是湖北、福建。国际移民最多的时候超过 15 万人。

上海跟别的人口单一的城市不一样，其他地方都有本地人、外地人之分，但在近代的上海不存在，上海有全国各个地方来的人，没有主客之分。举两个例子，一个例子是辛亥革命。辛亥革命是全国各地的人搞当地的革命：湖南人搞湖南的革命，广东人搞广东的革命，山东人搞山东的革命，唯独上海是外地人在上海搞革命。陈其美是浙江湖州人，他在辛亥革命成功以后出任上海护军都督，没有人因为他不是上海人而认为他不合适。还有一个例子，1921 年中国共产党召开"一大"，各地代表都是本地人：毛泽东是湖南代表，董必武是湖北代表，唯独两个城市不一样，其中一个就是上海。上海的两个代表，一个是湖南人李达，一个是湖北人李汉俊，在上海都没超过三年，但没有人认为他们不能代表上海。在上海就是上海人，不在上海就不是上海人，这就是原来上海人的观念，只有先后之别，没有主客之分。

集散效应。外地人到了上海也不是像一把盐撒到水里影子都没有，他们到上海后，分中有合，形成小团体，就是同乡组织。很多弄堂里住的是从同一个地方来的人，一个厂里也是来自一个地方的人，这就是分中有合的集散效应。

那时候要介绍工作、排解纠纷、联络乡谊，甚至死了人买棺材，都是同乡帮助解决。因此同乡的关系属于准政府的关系，有事情找同乡组织，地方有事时政府也找同乡组织，无论是中国政府还是租界政府都认可这一方式。平时每每发生纠纷，都是找同乡组织。上海最多的时候有200多个同乡会，少的时候有50多个，这些同乡组织发挥了巨大的作用。同乡组织强化了上海人的两种意识："我是上海人"和"我不是上海人"。每个地方的资本家都做跟本乡本土有关系的事情。例如宁波人虞洽卿做的好事情都与浙江有关；无锡人荣宗敬、荣德生做的事情很多都是与无锡相关的，荣家企业里高层管理人员都是无锡人；"四大百货公司"——先施公司、永安公司、新新公司、大新公司，上层全部都是广东人。资本家发了财以后，也都到本地去造桥、修路、建小学，资助学生读书，帮助穷人。因此上海人对本乡本土是认同的，上海人也关心各地的事情，因为外地的事情就是上海的事情。

举一个例子，五四运动因为上海的工人、商人起来了，最后才在全国取得决定性的胜利。五四运动为什么在上海会有那么大的规模？为什么上海人起来罢工、罢市、罢课？因为五四运动跟青岛联系在一起，国际上要把青岛的权益从德国交给日本，在上海的山东人很多生意都与之有关，所以上海的山东人群起反对。那时上海的地方长官卢永祥是山东人，在背地里支持这个运动。学生、工人要求把章宗祥、陆宗舆、曹汝霖三人罢官，卢永祥发电报到中央政府最高领导汇报此事，这些信息传过去以后运动最终才得以成功。

上海人爱国是因为上海跟全国各地联系在一起，全国的利益就是上海的利益，上海人将爱本乡、爱自己的利益升华为爱国主义。上海生意是和天下做的，美国、日本、欧洲发生的事情都跟上海有关系，所以上海人会关心天下大事。上海人崇洋，崇尚的是西方的现代化，崇尚的是西方好的东西；但上海人从来不媚外，上海人从来不卖国，上海人是崇洋爱国。近代上海一直是爱国主义的堡垒，就是因为上海人和全国有密切的联系。一个人在家里，会考虑自己一个人；离开家到村里，会考虑你的家庭；到了县里会考虑你的村；到省里会考虑你的县；出国到别的国家就会考虑你的国家。上海人整天跟外国人打交道，头脑里就有一个国家的观念，这和只在一个地方的人感受是不一样的。

上海还有个很特别的地方，就是双重认同，既认同自己上海人身份，又不认同上海，当外地人说上海人不好的时候，他会附和说上海人不好，说我不是上海人，我是杭州人、合肥人、宁波人……到外地去插队落户，又会说我是上海知青。双重认同对上海文化非常有好处，当批评上海的时候，他会一起参加批评，这个好处是能够发现自己的缺点。今天上海人跟外地人相处，如果很大方、很慷慨、喝酒很豪爽，外地人就评价说"你真不像上海人"，上海人会很开心，觉得是对自己最大的表扬，这就与上海的移民结构双重认同有关。

上海人应该说是不排外的。上海人被外地人认为排外的主要原因在于，1958 年实行计划经济，上海城市性质发生了巨大的变化，由一个流动的城市变成一个固定的城市，由一个外向型的城市变成了内向型城市，由原来以商贸为主的城市变成了以工业为主的城市。那时候陈云同志提出一个口号："全国支援上海，上海支援全国"，这是国家的重大战略。全国支援上海的是农副产品、原材料等低附加值的东西，上海支援全国的是轻纺产品等高附加值的产品。于是，国家给上海定的工资是最高的，其他地方有饿死人的情况，上海没有，全国保上海，上海人最多是肉少吃一点。到头来上海人认为自己很能干，创造的价值很高。一辆自行车，无论是凤凰牌还是永久牌的，都可以换一卡车农副产品。一块手表、一台缝纫机，能换回一大堆原材料。上海对国家作出了很大的贡献，但同时给上海留下的发展空间就小了。上海给全国贡献了1/6的财政，上海城市留下来发展的钱仅占1/60，自己没办法发展。20世纪70年代和80年代是上海最困难的时候，当时出现三大问题：住房问题、交通问题、污染问题。上海人被认为比较能干聪明，但比较小气，这大概是因为上海人是全国各地汇拢来的，这就导致上海人在计划经济时代在全国各地有很多亲戚朋友，插队落户以后又增加了很多外地的亲戚。外地人来上海都要买各种各样的东西，从培罗蒙西装到大白兔奶糖，但上海人可以招待人家的东西很少，自己捉襟见肘，于是半两粮票也出来了，假领头也出来了。同时，那时候上海户口很值钱，要想迁入是不太可能的。于是，上海很了不起、上海人很傲气、上海人很小气、上海人看不起外地人，这些对上海人的评价便在计划经济时代应运而生。在1949年以前不存在这个情况，在改革开放以后这个情况也正在逐渐改变。

回过头看，上海的活力在于开放，上海的精气神在于一江活水，跟各个地方保持密切联系。如果禁止开放，就会大大影响上海的发展。今天上海有至少2 500万人口，其中1 000万是改革开放以后新涌入的，上海户口中40%常驻户口是外地人，上海的门户已经越开越大。上海人对外地人也还是很大气的，无论是外地民工子女进学校，还是各种待遇，上海都走在全国前列，上海又恢复了它自己的传统。

美国《时代周刊》有一篇文章，从近代讲到当代，从上海讲到全国，从中国讲到世界，认为上海是吸收了全人类的优秀文化和中国传统文化的结晶，因此上海的未来一定会非常美好。从上海过去开放的历史来看，我们有理由相信上海的未来一定会更加灿烂辉煌。

红色文化与上海城市精神

朱鸿召　上海社会科学院文学研究所副所长
　　　　　延安学研究专家

　　今天，我们来谈一下"红色文化与上海城市精神"。我主要想谈三个问题：第一，谈一下红色文化，它诞生于海派文化。为什么谈这个问题？我们在上海都会有感觉，一谈到海派文化，想到的是嗲滴滴、软绵绵、浪漫的小资情调；而一讲到红色文化，想到的可能是硝烟弥漫的战争场面。很长时间以来，我就在思考红色文化与海派文化两者之间的关系。我认为，它们不是两张皮，红色文化实际是海派文化骨子里的东西。第二，谈一下红色文化如何引领上海城市精神，以及红色文化在上海诞生以后，它和城市精神的形成有什么关系。第三，谈一下在中国特色社会主义进入新时代的历史方位下，怎样用红色文化基因来激励上海城市文化创新。

首先，红色文化诞生于海派文化。

习近平总书记指出，"文化是一个国家、一个民族的灵魂。文化兴国运兴，文化强民族强。没有高度的文化自信，没有文化的繁荣兴盛，就没有中华民族伟大复兴。要坚持中国特色社会主义文化发展道路，激发全民族文化创新创造活力，建设社会主义文化强国。"这是从国家层面讲的。习近平总书记提出的"四个自信"，前面三个自信是中国特色社会主义道路自信、理论自信和制度自信，第四个自信就是文化自信，他还指出"文化自信是一个国家、一个民族发展中更基本、更深沉、更持久的力量"，由此把文化提到了很高的位置。①

新时代的上海肩负着新的使命，要有新的作为，关键是要按照总书记提出的继续当好全国改革开放排头兵、创新发展先行者的要求，在新时代坐标中，坚定追求卓越的发展取向，着力构筑上海发展的战略优势，全力打响上海服务、上海制造、上海购物、上海文化四个品牌。这四个品牌中上海服务、上海制造、上海购物都有对应的产业，上海服务对应服务业，上海制造对应先进制造业，上海购物对应商业，而最后一个上海文化品牌实际上是渗透到前三个品牌里的。比如，在上海购物方面，南京东路第一百

---

① 新华网.十九大报告全文 [EB/OL]. http://www.spp.gov.cn/tt/201710/t20171018_202773.shtml，2017 - 10 - 18.

货商店改造后，与 40 年前的第一百货最大的区别是什么？就是增加了文化元素。所以，要打响四个品牌中的文化品牌，就要充分利用上海宝贵的文化资源。我认为，上海文化包含了红色文化、海派文化和江南文化，其中江南文化是海派文化的根基，海派文化是近代上海对于江南文化的熔铸与升华，而红色文化则是在江南文化、海派文化的基础上滋生、发展起来的上海文化基因。

下面，我来具体谈一下红色文化及其与上海这座城市的关系。红色文化在上海有一个鲜明的亮点或者起点，就是 1921 年 7 月 23 日中共一大在上海召开，这件开天辟地的大事开启了中国社会历史新的时代。中共一大召开的时候，中方代表有 13 个人，还有 2 位共产国际的特派员。当时全国已经有 58 个中共党员，全国各地也建立了共产主义小组。另外，为什么 7 月 23 日是具体开会日期，而 7 月 1 日是共产党成立纪念日呢？这个纪念日是 1938 年在延安定的，当时在延安有两位中共一大代表毛泽东和董必武，他们都记得一大是 7 月份开的，但是不记得具体日期，限于当时战争环境条件无法查阅相关资料，就决定把每年的 7 月 1 日作为中国共产党成立纪念日，直到 20 世纪 50 年代才从档案中找到了中共一大召开的具体日期：7 月 23 日。所以，我们平时可以说中国共产党成立于 7 月 1 日，但是要写成文章的话，还是要严谨。

一大召开时，全国的 58 个党员都是哪些人？我们看学历和职业两个要素。第一个要素是学历情况。能找到确切学历资料的是 56 个人，其中留学日本 18 个，本科以及本科在读 25 个，中学学历 13 个。当时的中学学历绝对不可小觑，因为中国科举制度是 1905 年宣布次年废止的，取而代之的是幼儿园、小学、中学、大学、研究生教育这样一套现代教育体制。新的教育体制设置出来后，无论是北洋政府还是中华民国政府，它们的社会动员组织能力都是有限的。所以，现代教育制度先是出现在大城市，然后慢慢推广到中等城市，再到县城，不是一下子就实现的，农村地区的私塾仍然存在着。如果 1921 年是中学学历，那么就意味着这个人肯定上过私塾，然后还在中等以上城市接受过现代学校教育。请问，当时什么样家庭的子弟才可能接受如此教育？所以，当时 56 个人是中学以上学历，说明他们都是富家子弟，至少是中产以上家庭的子弟。第二个要素是职业情况。这 58 人当中，57 个人的职业都是明确的，具体是：教师有 19 人，大部分是大学教师，比如李大钊、陈独秀。李大钊和陈独秀的工资情况不清楚，但是通过同时期在北大当教授的胡适所写的日记可以得到相关的信息。胡适 27 岁博士毕业后，由时任校长蔡元培聘请为北大教授，胡适没有当过助教、讲师和副教授，直接当的教授，月薪 300 块大洋。当时，黄包车夫最好的工作是给有钱人家包月拉车，月工资 10 块大洋，四口之家温饱没问题，以此可以推断 300 块大洋能干多少事。学生有 24 人，他们自己没有经济收入，但能在那个年代上中学、读大学，说明父辈有钱，然后弟兄几个分家，一人拿钱读书，接受了无产阶级革命思想后，不仅把自己这份家产花掉，还动员兄弟姊妹把另外的家产拿出来干革命。另外还有新闻工作者和银行职员，较为典型的就是沈雁冰（茅盾），他当时担任商务印书馆《小说月报》主编，月薪 200 块大洋。还有产业工人，比如莫干山路 50 号无锡荣氏家族企业的面粉厂、纺织厂中那些懂得操作机器的产业工人，月薪 100 块大洋左右。再举个例子，抗战爆发后，上海有一个印刷厂工人叫沈鸿。当时国民党控制印刷机器进延安，八路军驻上海办事处买了印刷机器，拆解开，从上海用火车托运到西安，然后再从西安用汽车运到延安。沈鸿就押着机器到延安，负责组装起来，然后就留在延安革命队伍里。沈鸿是一个技术工人，当时延安革命队伍是供给制，毛泽东、朱德是最高津贴，一个月 5 块，那么给沈鸿多少钱？22 块，是最高津贴的四至五倍。之所以给 22 块，是因为沈鸿是技术工人，可见当时技术工人的身价有多高。那时的技术工人上班换工作服，下班前洗澡，然后穿西装、皮鞋。所以从职业方面是可以看出个人经济收入情况的。

那么，这 58 个人为什么发起成立中国共产党？共产党人的初心，是为人民谋幸福，为民族谋复兴；从底线思维来说，共产党人的初心绝对不是为个人穿衣服、吃饭，不是为个人谋生。他们自己温饱不愁，出身中产以上家庭，接受过较好的教育，很多人都有一份体面的职业。那么，他们是为什么发起成立共产党？答案是为救亡图存，为中华民族的伟大复兴，为了时代和社会的根本利益、长远利益、整体利益。这就是红色文化的本质特征。

中华民族的伟大复兴是一个大概念，民族伟大复兴的第一阶段就是要救亡图存，根本任务是建立一个完全独立自主的国家。这个任务，国民党早期成员也想做，孙中山同盟会也想做，康有为、梁启超戊戌变法也想做。但真正做成功的是中国共产党，所以我把红色文化概括为：中国共产党领导中国人民经过艰苦卓绝的革命斗争所形成的文化。中国共产党成立时，国内有七八十个政党组织，而共产党当时才58个党员。那么从58个人开始，到1949年成立中华人民共和国，其间有无数共产党员为了信仰献出了生命。红色文化从根本上来讲，是一种革命文化，这种革命文化在建立政权以后，它的精神仍然在社会主义革命、社会主义建设、改革开放以及社会主义现代化进程中，持续形成了一整套思想理论、价值观念和行为方式。

我认为红色文化的核心有三个层面，一是对老百姓来讲，人民要过上幸福生活，幸福生活的前提是这个国家有独立主权，红色文化的核心价值就是为了人民幸福，第一步是站起来，第二步是富起来。二是实现民族复兴。民族复兴很重要的一点就是文化复兴。真正有用的文化，就像盐溶化到水里，或者盐溶化到菜里，你吃的、消费的是美味，你不觉得有盐，但实际上有盐。文化也直接影响到我们的生活品质。三是在现代化进程中，依托文化来引领世界，让其他人心悦诚服地接受我们。总之，红色文化的核心第一个是从百姓民生方面讲的，第二个是针对民族国家讲的，第三个是面对世界来说的。

近代以来，从救亡图存和民族复兴的大背景来看，我们经历了很多的艰难，无论是抗战时期、计划经济时期，还是改革开放一直到今天，不得不承认一路走来有过很多艰难和挑战。我认为，上海文化是中华文化和西方文化碰撞交汇之后，实现创造性转化、创新性发展的典范。以此来判断，就可以理解红色文化和海派文化的关系了。

红色文化的起点是 1921 年中国共产党的成立，那么共产党为什么选择在上海成立？中国共产党之所以诞生在上海，是与上海开埠有关，与西方文化、西方文明在上海的传播有关。1840 年鸦片战争后，清政府被迫签订《南京条约》，开始五口通商，从南边往北边依次是广州、福州、厦门、宁波、上海 5 个城市，外国商人最早到的是广州。在 5 个城市里面，最有竞争力的是上海和广州。一百多年前上海的民族工业主要集中在苏州河沿岸，因为货物往来要依靠水路交通，不像今天汽车、铁路这么发达，上海地处长江汇入东海的入海口，这一独特的地理位置就把城市的辐射力拉大了。广州的地理条件和上海相似，从某种意义上说，它比上海的出海条件更优越。后来上海能取代广州，这可能跟城市性格有关系。比如，当时在广州的外国人很长一段时间是被圈在一个固定的区域。白天，外国人可以到华界，但晚上必须要回到这个固定的地方。上海则不一样。

当时，首任英国商务参赞巴富尔（George Balfour）到上海以后，与地方官上海道台宫慕久接洽，希望在县城里租房居住，道台很爽快地答应了，同意他在县城里租房。接着，巴富尔顺利地在上海县城租到了房子，和上海人一道居住下来，成为上海人的街坊邻居。那时，中国人没见过外国人，巴富尔搬来后，上海人看他鼻子那么大，眼睛是蓝的，头发是金黄的，吃饭叮叮当当要那么多工具，都稀奇得不得了。中国的老百姓先是在房外看，发现外国人态度蛮好，然后就到房里来看，巴富尔态度也蛮好。可是，巴富尔逐渐发现怎么每天来看的人越来越多呢？原来，上海房东的商业神经太过敏锐，他看到周围市民百姓到他家来看洋大人的越来越多，竟然动起小脑筋，悄悄地卖起了门票。巴富尔愤怒了，他觉得自己被当成动物参观，人格受到极大侮辱。他就跟道台讲，要搬到其他地方住，需要租借一块地，与上海人在物理空间上隔离开来。由此，他在黄浦江与吴淞江（苏州河）交界处，即现在被称为"外滩源"的地方，租赁一块滩头荒地，在这块地上搭建房子，居住下来。租界就来源于此。

起初，中国人是不可以进租界的，但后来可以进去打工，这是自小刀会起义后发生的变化。小刀会杀清朝官员，很多富人就躲到租界，像难民一样大量涌入。租界的英国人都是商人，俗话说，商人没有永远的朋友和敌人，只有永远的利益。他们把这个地再返租给涌入的中国人，或者建房子租赁出去，房地产就这么起来了。先是小刀会起义，接着是太平天国运动，然后八国联军入侵，因为上海有租界，外国人有治外法权，在战乱中，租界反而成为世外桃源。有个奇怪的现象，每一次战乱发生后，租界的人口就大幅增加一轮。

从这方面看，外国人到广州后，与本地文化缺少交融。上海则采取开放包容的态度，而这种态度则来自中华传统文化里的江南文化。明清后期，江南文化在传统文化的基础上逐渐转向商业文化。比如，浦东新场古镇有一条很长的南北大街（现名"申江路"），原来是进行食盐贸易的地方，需从这里将食盐运到扬州，而扬州处于大运河和长江交界处，又是一个集散地，所以上海很早就有商业文明的传统。我认为，物质生活层面上可以开放包容，但是要有原则，即国家的独立主权和人的体面尊严不容侵犯。国家主权不是抽象的概念，通俗点说，有国家做支撑，人的腰杆子才是硬的。上海开埠以后，古今中外文化交融汇合，上海人兼容并蓄、为我所用，然后就逐步形成了独特的海派文化。海派文化原本是个贬义词，指不坚持传统，最早产生于戏剧行业。京剧戏班子走码头，到上海后吸收了西方元素，然后被传统唱京戏的瞧不起。再有绘画，吸收西洋技法，被传统画派轻蔑地称为"海派"。

马克思主义学说在中国传播后孕育发展成了红色文化。红色文化跟海派文化不是两张皮，可以说，红色文化就是海派文化的主流价值取向。上海是典型的移民社会，移民文化有最典型的两个阶段，一个是1949年以前，另一个是改革开放后。比如，我是安徽人，从某种意义上说，我也是在上海打工。人们凭什么在上海落脚？主要有两点，一是我们要做别人做不了的事，二是要做得比别人好，这是在移民社会生存发展的根本所在。所以，上海城市精神并不抽象，就是来源于生活，来自生存层面。其中，追求卓越不是高大上的目标，而是骨子里的竞争意识。英雄不问出处，而是相互兼容、取长补短、唯新是从、唯优是从。

而租界作为上海开埠以来一个独特现象，也是上海城市文化和城市性格形成中一段独特的历史。

共产党人对待租界的态度是，正视租界，认识租界，利用租界，消灭租界，在这个过程中形成了海派文化，又形成了红色文化。在"海纳百川、追求卓越"的城市精神引领下，1843年上海开埠时人口不到20万，1900年到了100万，成为当时中国最大的城市；再过了将近20年，达到240万；到1949年，上海已有546万人口，成为世界特大城市。上海开埠以来的发展与城市性格、城市文化有极大关系。可以说，海派文化是上海文化的肉身，因为它建立在市民文化的基础上；江南文化从本质上来讲是中华优秀传统文化，是上海文化的"中国心"；共产党引领的红色文化则是上海文化的灵魂。

其次，红色文化引领上海城市精神。

上海是一个拥有丰富红色文化资源的城市。中共一大、二大、四大都在上海召开；中国共产党成立后，中共中央机关曾较长时间驻扎于上海；田汉、聂耳在上海创作了《义勇军进行曲》；曾联松在上海设计了国旗；上海在20世纪80年代实行改革开放，20世纪90年代发展市场经济。上海最早开展城市人文精神讨论，在此背景下提出了自己的城市精神，并能够被广泛接受，这是由于高度概括了上海近代以来的历史。上海是移民城市，真正的上海城市精神一定是体现在普通的上海市民群众身上。上海人是普通平凡的，但身上所体现的精神，使其变得不平凡。同样，真正的共产党人是温和的，在平时看得出、关键时站得出、危难时豁得出，体现着一种不凡品格。正因为有了共产党人的红色文化，上海城市精神的高度得以进一步提升。

上海城市精神体现在生活历史的各个方面。在经济上，上海主要与中西部地区往来，参加国家大三线、小三线建设。中华人民共和国成立之初，陈云同志到上海主持金融工作，他向中央提议"全国一盘棋"，全国支援上海，上海支援全国。在这个口号下，1953 年到 1957 年的第一个五年计划，全国人民大干快上，只用四年就提前完成了目标。其间，上海有大量的工业企业以及商业、高校、科研机构支援内地经济建设。据不完全统计，"一五"期间上海支援内地建设的企业职工和干部有 21 万人，包括许多技术工人。到 1959 年经济困难时期，为减轻城市人口压力，政府鼓励人们回苏皖浙家乡去，上海城市人口又精简了 41.5 万人了。然后，"文化大革命"中的上山下乡，以及大三线、小三线建设，上海又向全国输出总共 100 多万人口，当时只出不进。余秋雨有篇散文叫《上海人》，主要就写了这个时期上海支援内地建设的情况。在那个历史时期，每个从上海迁出的上海人，把上海城市精神带到各自工作岗位上，也把生活方式带到了全国各地。还有，上海人的契约精神、公约精神，也被带到了外地，从而影响了当地的社会文化。

在特殊年代，上海城市精神通过上海人与中西部地区的流动和交流形成文化交融。如果说文化是水的话，用一句诗性的语言来概括就是：此水、此河与海相连。1949年以前，那是从小河流到大海，1949年后到改革开放之前，是从大海回流到山沟溪谷。其间，上海城市精神吸收所在地的优秀文化，宽度得到了拓展。1949年以前，上海是一座商业城市，1949年以后的计划经济时代，是工商业并重，而后再转变为工业为主、商业为辅。然后，从1950年到1978年，改革开放前近30年的时间里，上海是以全国1/1 500的土地、1/100的人口，提供了全国1/6的财政收入。改革开放40多年以来，上海绝不是简单抛弃了计划经济的东西，而是抛弃其短处，保留了长处。市场经济和计划经济相互取长补短，从而推动了上海城市经济的转型发展，城市人口规模也随之扩大，从改革开放之初的558万，到现在的2 400多万。

如今，上海城市形象已发生了凤凰涅槃式的华丽转身。比如，大飞机的主体在上海组装，电线系统安装、总装也在上海；宇航员在太空出舱，画面是小卫星拍下的，其主要技术在上海；还有上海光源、量子通信等等，这些都成为上海的高科技品牌名片。所以，上海计划在2020年基本建成"五个中心"（国际经济中心、国际金融中心、国际贸易中心、国际航运中心、国际科技创新中心）的基础上，到2035年要建成卓越的全球城市，还要建成令人向往的创新之城、人文之城、生态之城，以及具有世界影响力的社会主义现代化国际大都市。这些目标中最核心的要素是文化，而最鲜活的文化资源是人。

最后，红色文化基因推动上海文化创新。

我认为文化创新的本质在于人。比如，特斯拉创始人马斯克出生在南非，17岁遭遇家庭变故后，随母亲到加拿大，在加拿大上了高中，后来到美国上大学，大学毕业后在硅谷创业，最早是搞互联网支付技术，然后就开始研究电动汽车，现在又去搞火箭发射，有过很多次失败，但终于成功了。他的人生格言是：不在火星上退休，就死在去火星的路上。马斯克研发生产特斯拉，不是文化，是工业；他搞火箭发射、到火星上去，本身也不是文化，但是做成了以后全部都是文化。这就涉及文化的概念问题。

以人化文、以文化人叫文化，文化的本质不在文而在化。化即行动，也即生活方式和生产方式。用什么样的生活方式、生产方式，就表达了什么样的价值取向，体现了什么样的文化内涵。谈到文化创新，即使有再多的文化资源、文化历史，如果没有人去激活它，都是没有用的。人是文化资源、文化创造的动因，没有人，就谈不上文化。

所谓非道能弘人，而是人能弘道。

今天，上海在现代化进程中已走到这一步，我曾说过，在制度层面有没有设计好，能够让这个世界上最聪明的大脑心悦诚服、发自肺腑地认为，中国最好，上海最好，选择中国，从而选择上海，一无所有来到中国，凭着智慧引领城市和人类社会历史的发展，这是很关键的。上海已经站到世界前沿，前沿是物质上面的，而要真正成为全球卓越城市，除了物质，一定要在制度、文化层面站在世界前沿。最鲜活的文化资源就是人，我们的环境、观念等距离世界上顶尖的人才把上海作为创业、发展的首选之地还有多大距离，这是个值得研究的问题。

总的来说，我认为上海文化创新的最终目标，就是向人类命运共同体、向人类社会健康和平发展提供中国方案和中国智慧。红色文化则能够帮助上海实现这一目标。实现中华民族的伟大复兴是红色文化基因的根本，红色文化是民族精神的历史传承。在国际共产主义运动中，从巴黎公社到十月革命，都是选择红色的旗帜。共产党人和国际共产主义运动的旗帜是吻合的，选择红色作为旗帜，然后将社会主义运动从空想变成科学，变成一种制度、现实，最终与中华文化相契合。因此，红色文化是上海文化创新的源泉，为上海走向世界，走向未来提供不竭动力。

"难民之父"饶家驹与中国难民区往事

苏智良 上海师范大学教授
教育部人文社科基地上海师范大学都市文化研究中心主任

　　今天我要跟大家介绍的是一个叫饶家驹的法国人，他在日本侵略中国的时候，营救了大量中国难民，所以我们把他称做"难民之父""中国之友"。上海著名的雕塑家、油画家张充仁在 1940 年描绘了上海救助伤兵和难民的场景，这一场景发生的地点是震旦大学。张充仁先生是享誉全球的著名艺术家，他曾雕塑过饶家驹的一个头像。在战争时期，上海的艺术家还画了一幅名叫《南市大好人》的漫画，画面中饶家驹一只手托起了南市难民区。

　　可能朋友们要问谁是饶家驹，他在上海做了什么？为什么当时的人们对他会有这么高的赞誉？他的思想和行动给人类文明带来了哪些影响？我们做历史研究的深深地感觉到，如果我们不去挖掘的话，许多历史事件和人物将就此湮没，再也找不到了。饶家驹有可能就是这样，所以我们现在是要做抢救性的工作。

饶家驹是个法国人，他 1878 年出生于法国桑特市（Saintes）的一个贵族家庭，所以看上去有一点贵族气派和男子汉的气概。1894 年他加入了天主教的耶稣会，然后在英国和比利时修道并获得学位。1913 年第一次世界大战前，他来到上海，一直到 1940 年才离开，总共待了 27 年。饶家驹最初在徐家汇那里学习中文，所以他说上海话跟上海当地人没什么区别。他在很多学校当过老师，比如说当年的徐汇公学。他在震旦大学做教授的时候有一次帮助学生做焰火，他显然不是化学家，右手臂被炸掉了，所以人们说他是独臂神父。他的语言能力非常强，法语是他的母语，因为在英国留学，所以拉丁文很棒，又讲一口普通话和上海话，还能够讲日语。这样一种语言能力，为他后来在上海做慈善事业奠定了很重要的基础。

饶家驹在上海的经历非常多，我就不展开了。我只说他做了好多年的难民救助的事情，譬如中国哪个地方有旱灾、水灾，他就会去赈灾。1932 年"一·二八"事变的时候，他曾经去说服中国军队和日本军队停战 4 小时，让难民先走，结果双方确实停战了 4 小时。所以在 20 世纪 30 年代初，饶家驹实际上就是上海一位非常著名的慈善领袖。到了 1937 年淞沪会战爆发以后，他就开始从事难民救济工作。上海南市难民区即缘起于此。

我们都知道 1937 年 8 月 13 日爆发了淞沪会战。这一场战役是百万人级的大战，我们现在可以把它定位为第二次世界大战中第一场百万人的大战。这样就产生了百万难民。上海大概是二战当中难民最多的城市，上海当时的人口有 370 万，370 万相当于天津、北平、广州当时人口的总和。那么比上海人口还要多的城市，像纽约、伦敦没有难民问题，巴黎有少量的难民问题，但是 1940 年法国就投降了，所以它没有大量的难民。淞沪会战打了三个月，上海周边地带的人都逃到上海来，比如说我在做慰安妇研究的时候就发现像苏州、昆山很多难民就逃到上海了。所以大量的难民就成了社会问题。最初难民都逃到了租界里面，因为租界是中立的、安全的，投亲靠友的都进去了，当然租界难民太多了以后，他们不能够再收留，不然租界要瘫痪了。最初是要有通行证才能进入租界，后来一看难民太多了，租界就把铁门给关掉。当时法租界的南面跟南市接壤，就是现在的人民路（过去的民国路）这一带，那么这地方好多的难民就希望法租界的铁门打开，可以让他们进去。我记得我小时候听我家的老人说，我们家当时就住在斜桥，基本上属于那一带。当时日军扔炸弹扔得很厉害，好多房子都被烧掉。当时有一场大火叫南市大火，这种情况下这些难民的生命就面临着危险。于是，上海的一些师生们开始考虑怎么来救助难民。首先就是成立中国红十字会上海国际委员会，名誉会长颜惠庆是上海著名的士绅领袖，饶家驹就是救济组的副主任。他们在国际饭店开会讨论怎么救助难民。到了1937年10月4日，难民救济委员会成立，饶家驹担任主席。面对日本在南市的狂轰滥炸，饶家驹想了一个办法，我们能不能建立一个中立的难民区？接着他就考虑选哪个地方作为中立的难民区。其实上海中心城区南市区是最后陷落的。大家知道10月26日除了四行仓库孤军420人以外，其他人都撤退了。那么中心城区南市就成了最后一个阵地，而且南市跟法租界只有一路之隔，所以饶家驹就考虑在南市建立安全区。他去找了时任上海市市长的俞鸿钧，说我们能不能在南市建立一个中立的安全区。这样一来中国方面就要放弃安全区中的军事设施，其实当时里面有两个堡垒。后来由于俞鸿钧也很开明，他一想你帮助我们政府救助难民是好事情，那我可以保证中国军队不进去。这样俞鸿钧和淞沪警备司令杨虎签字，租界也同意了。饶家驹接着去找了日军，见了三个人，一个是日本总领事，一个是第三舰队司令长谷川青，还有一个是上海派遣军司令松井石根。饶家驹用日语跟他们三个人谈，说中方已经同意国际救济会在南市建立一个中立区，希望日军也不要进去。最初松井石根很强硬，后来一听好像还是可以接受，因为日军也需要一个比较好的国际形象，当时的战争还没有最终的结果，再加上被饶家驹的个人魅力所感染，日本方面也签字同意了。这种情况下，1937年11月4日上海市政府批准设立南市难民区，11月9日日本的大使馆也发出了一个证明书，同意在方浜路周围拉上铁丝网，里面就是安全区，外面就是日军占领的地方。今天我们来回顾这件事情，不能不佩服饶家驹的智慧。为什么这样说呢？如果他请中国方面和日本方面一起来坐下来谈的话是做不成的，你想中国人也不愿意坐下来，日本人也不愿意坐下来，怎么可能谈？所以这件事情，中日双方没有直接谈过，完全是靠饶家驹，他是中间人。这个区的性质是模棱两可的，中国叫做"难民区"，日本叫做"支那难民收容所"，最后用了一个模糊的名字——"饶家驹区"，以他个人名字命名，由此淡化了比较敏感的问题，这是他的智慧。

我们来看看南市难民区从成立到结束的过程。首先，南市难民区成立的时间是1937年的11月9日下午5：00，当天中国派出了200名警察，戴着袖章，我到现在只找到一只中共一大纪念馆收藏的第502号袖章，就是可以进出难民区来进行管理的。难民区成立以后，陆续建立了130个收容所，这是很了不起的。我们再来看看它的范围。南面以方浜路为界，现在叫做方浜中路，再往南就是日军占领的地方，东西北三面以民国路为界，现在叫做人民路。

在这个范围里面饶家驹建了9个区，就是从东面的第1区到西面的第9区，而且要求难民自己选区长，自我管理，每天发粮食，冬天要发棉衣等等。我们研究下来，32个月当中，只有一个区长有点问题，他贪污了，比如说发的粮食，悄悄地藏了一点，后来被揭发出来，于是就罢免他，司法部门还来追究责任。难民区就是由这些区长去管理，然后下面分成各个组，难民当中也有有知识、有文化的年轻人参与管理。

难民区建立以后，其实不断有危机出现。日军在1937年11月12日占领了南市，他们认为自己是上海的主人了，就派军队去难民区巡逻，饶家驹马上去找松井石根，他说按照约定日军不能进去。因为曾经发生过中国的军人悄悄躲进难民区用枪把日军打伤打死的事情，所以日军就进去抓人。尽管日军后来进去了几次，但总体上比较安全，日军还是保留了南市难民区中立的地位。

在南市难民区的管理方面，饶家驹设立了很多的机构，其中包括南市难民区监察委员会。难民自己也组成保安团，在里面巡逻维持秩序，既不能够去打日本人，也不让日本军队进来，还有包括调解难民之间的矛盾等等。饶家驹还设立了南市难民区的办事处，比如监察委员会办事处、红十字会办事处和国际救济会办事处等。南市难民区有一些地方非常拥挤，高峰的时候有好多难民，有的难民甚至睡在九曲桥上，还有城隍庙的二楼和三楼，数以百计的难民睡在那里。所以外国人看了以后，说城隍老爷的殿堂今天真正成了庇护自己子民的一个保护区了。还有今天还在的大兴照相馆，当时这个很狭窄的照相馆里面睡了75个人。那么，南市难民区里面到底有多少人？好在《申报》等报纸留下了很多的记录，我们看了当年报道过的最多的人数记载，说南市难民区有20万难民。所以我们估计一直到难民区结束，里面应该有30万难民，因为它是有进有出的，有些难民比较早就走了，有的难民是后来进来的。那么大家要问20万难民，这么小的一个地方怎么管理？前面提到，除了每个区来自我管理以外，还建立了9个发放粮食的地方，像城隍庙的大殿门口有一个广场就是发粮食的，每个难民按人头发粮票，领了粮票以后去取粮食。粮食有两种，一种是自己领米去烧，另外还有馒头、大饼。除了这些，法租界的中外慈善人士也会来发放粮食。

20万难民每天要花费多少钱？饶家驹的本事就是筹钱。他首先是找中国政府、中国的慈善家，然后也去找日本人。我这里也要说明一下，日本人也捐钱，包括南京大屠杀的刽子手、甲级战犯松井石根，因为他缠不过饶家驹。饶家驹说现在你们占领了上海，也要对南市难民区负责，你应该捐点钱。松井拿了2万块日元出来，现在日元贬值，但是在当年日本的一个下级军官月薪50块日元，所以2万日元也是一笔不小的数目。但是这样还不够，他跑到美国去募捐，他去找罗斯福总统。要么不找，要找就都是头面人物，后来还去找了宋美龄等等。他找罗斯福总统说，我们在上海建了一个难民区，缺少钱，缺少粮食，罗斯福很了不起，签了一张70万美元的支票，现在看也是很大的数字，当年就是巨款。有一个历史学家告诉我，他说这是非常大的一个数字，因为当时上海有个犹太难民区，犹太难民也希望罗斯福捐钱，但是美国的犹太人协会每个月向上海援助的钱不多，基本上可以保证一部分人的温饱，而饶家驹就以他的魅力，一次性拿到70万美元的捐款。当时美国有一批小麦要过期了，他们就问饶家驹要不要，他一听是粮食便说好。美国的红十字会说我们来出钱，把他们运到上海来，南市难民就用这批小麦做大饼和油条。

老一辈的人知道，当时日本控制上海口岸，不能够把大量的米运进来，饶家驹有了钱还要想办法去买米，再运到难民区去，他想了好多办法。此外，饶家驹还在难民区里面建立了人民医院、产妇医院、儿童医院，因为人难免会生病，年轻人结婚后还要生孩子，所以这些医院都要完备。当时一些国内和国外的义工来帮忙，居然还给孩子们免费分发鱼肝油。一直到20世纪50年代末、60年代初，吃鱼肝油都是很奢侈的，对不对？战争时候他们还能想到这些东西，实在令人感佩。

接着，我们再来看看难民区的运行。总体上还是不错的，20万难民不能断水，所以饶家驹的团队就要保证供应，还要跟日军交涉，不能让他们来骚扰。每天分发两次干粮，第一次是上午9点，第二次是下午2点，其实在近代的时候，好多家庭都是吃两顿。到了冬天的时候要去购买大量的棉布、棉花自己做棉衣，哪里有这么多钱买成衣？好在一般的女性都会做，所以大家自己来做。而且饶家驹他们还研究提供的这些粮食难民们吃了以后会不会有问题，他们的热量、蛋白质、脂肪每天摄入量是多少？这个真是让我很惊讶，难民区不是疗养院，能够做到这些真的是很了不起。

饶家驹说他的口袋里永远要有糖。他看到那些小孩子啼哭，就拿两个糖，用上海话跟他说你别哭。我们找到了一些老人，他们讲了很多故事，其中有位老人叫王晓梅，当时她的家就在方浜路的边上，尽管是难民区，但到晚上还是会很害怕，因为方浜路的南面都是日军站岗，他们会进来抓女孩子。我问她日本人抓过女孩子没有？她说抓过隔壁一个大爷的女孩子，那个女孩十几岁就被日军抓走了，再也没回来。所以他们很害怕，父母就在家里面睡，她和她的姐姐晚上拿席子到难民收容所去睡觉，等到了早晨没事了再回家。她还会拿一把雨伞跑到法租界边上，把雨伞撑开倒过来接大饼油条、高庄馒头，因为她人小，大人们可以把扔过来的馒头接走，小孩接不住，于是就把那个雨伞倒过来，每天也都可以接到几个带回家给父母吃，还可以养家糊口了。这些往事都很生动。老人家说她尽管没有看到过饶家驹，但是，听我们这么说了以后很感恩。另外还有一位老人傅先生，与大部分难民不同，傅先生一家原本住在租界内，由于当时大量难民逃入租界，租界内物价上涨，而傅老先生家比较困难，因此于1938年夏，他们一家就搬到南市难民区内居住。他们借住在豫园附近亲戚家的一间房子里，早晨还可以在豫园门口领到免费的粥吃，生活就相对容易一些。

饶家驹每天都会去难民区，他是坐黄包车去的，每天黄包车进去后转一圈，然后到办事处去办公，到了黄昏时候再回到法租界。后来他还去找美国驻华大使，说日军现在已经开始到难民区去抓捕难民了，包括妇女，所以我们要交涉，要保持中立，迫使日军不能够大规模进去。到了1939年以后，日军的封锁越来越严，物价飞涨，就要想办法疏散这么多的难民。这个时候中国共产党也发挥了作用。上海周边有新四军的部队，地下党就动员难民中的男青年投奔新四军，当然也包括一些女青年。这种情况下确实是有不少难民投奔了新四军。难民区里还建立了各种工厂，比如说男人到板刷作坊，女性到刺绣和花边工厂、毛巾厂去工作养活自己，减轻家庭负担。小孩子也可以编箩筐挣钱。

最后我们来评价一下上海南市难民区。1940年的6月16日，饶家驹得到法国天主教会的命令离开上海，去巴黎。因为那个时候欧洲也爆发了战争，那里也有难民了，他就告别了上海，告别了中国。当时他认为他还要回来，结果再也没有回上海。他走了以后难民区就没有了主心骨，所以个人在历史上的作用我们不得不肯定。他走了以后，整个难民区没人来管。他16日走的，6月30日，南市难民区结束。就这样一个结果。

从1937年的9月到1940年的6月这32个月中，南市难民区救助了30万难民，使他们得以保全生命，避免了被屠杀或者是饿死的命运。上海的大屠杀比南京大屠杀规模要小，但是也有很多无辜百姓丧命，金山大屠杀死亡1 000多人，宝山的罗泾大屠杀死亡2 000多人，所以我们可以想象南市难民区对这30万人的保护是多么的重要。而饶家驹的义举也赢得了大家的掌声。报纸、难民和政治家们把他称作是"中国难民之友""人道的战士""贫穷者之救星""上海的救世主"。当时蒋介石、宋子文、孔祥熙、潘公展先后给他感谢信、奖状、勋章。法国方面通过驻华大使给了他最高荣誉勋章，表彰他在远东的善举。英国和美国的驻军都曾经写信向他表示感谢。英国驻华司令、陆军少将史沫莱特在信中说，你创造的难民救助的成功案例将被后人沿用。《申报》中有段话是这么说的："难民是世界上最富于同情心的人，因为他们知道在艰难困苦中最需要的是旁人的同情和安慰。饶氏这几年来的工作，可称仁至义尽，难胞岂能无动于衷？他们预备为饶氏铸立一座铜像，以资永远纪念，所以星期六的上午，一人手持一砖，先举行一个庄严的铜像奠基典礼。他们又想把城内的方浜路改为饶家路，方浜桥需改饶家桥，以志去思。"

饶家驹在上海建立的安全区为中国其他地方的难民保护活动提供了范例，譬如说南京安全区。1937年11月，在南京的各国人士仿效南市难民区，在南京设立安全区。前些年有记者写文章时把饶家驹称为"上海的拉贝"。我第二天打电话给他，说你低估了饶家驹，应该说饶家驹是拉贝的师父。为什么这么说？饶家驹建立的南市难民区，是给了拉贝启示。拉贝是谁？是在南京的一个德国纳粹支部书记，但是他很有爱心，他看上海建这样一个难民区非常好，于是就来找饶家驹，说请你为我们提供日本外交官或者日本将军的联络渠道，我们去找他们，所以后来南京建立了国际安全区。但是这个时候松井石根已经可以看出战争的胜负，他不再需要这样一块遮羞布了，因此拒绝设立安全区。大家看《金陵十三钗》就知道南京国际安全区是不安全的，日军和汉奸开着卡车到里面去抓劳工和女孩子，一卡车一卡车地抓。这种情况在上海没有。

上海的难民区建成后，饶家驹又建立了汉口难民区。1938年10月，日军进攻武汉，在进攻武汉之前，饶家驹先飞到了重庆去见了宋美龄，他希望在汉口建立一个难民区。他还找了美国、英国、法国的外交官，最后他也去找了日军，日军也同意。就这样建了一个难民区。但这个难民区比较松散，因为当时他也很忙，不可能像南市难民区一样天天都去，所以尽管这个区延续了很长时间，但是情况跟上海的差别很大。

1940年6月，饶家驹到了巴黎，把上海的经验运用到了那里，挽救了大批的难民。二战结束以后他又飞到了柏林，从事难民救济工作，后来因为劳累过度患白血病，于1946年9月13日在柏林去世。

饶家驹在战争状态下保护平民的善举令所有人都很感动，大家感动之余考虑战争结束以后应该制订一个《国际法》。经过国际红十字会等的运作，1949年8月，63个国家签订了《日内瓦第四公约》，这个公约也叫做《关于战时保护平民之日内瓦公约》。这个公约现在的签字国家有190多个，我们中国也是签字国，公约规定，在战争状态下，无论是哪一方都要保护平民。这个公约里面有两处写到了上海模式。我在发现这个事情的时候感到很激动，这是被世界发扬光大的第一种上海模式，这是上海的光荣，更是中国的光荣。我们为世界提供了一种保护难民和保护平民的模式，当然我们也要感恩饶家驹，没有他，也就没有这种模式，甚至也就没有《日内瓦第四公约》。

饶家驹的博爱主义、慈善行为、奉献精神和高尚人格，超越国家、种族、宗教与党派，他也因此成为 20 世纪世界人道主义的光辉典范。他很热爱中国，曾说："中国就是我的故乡，我深爱中国，此次虽暂返欧洲，不久还是要回来的。"在华的最后岁月，饶家驹改名为"饶家华"。就是这样一位挽救过无数中国人生命的法国人，在中国却一直默默无闻。历史不应该忘记这位伟大的人道主义者。为此，我们设想了很多事情，比如说能不能在原南市难民区为这位伟大的人道主义者建一尊塑像，然后把他的故事写下来；还有除了豫园之外的收容过难民的那十几幢房子，我们把它们保护下来。但是到目前为止，有的有点进展，有的没有成功。一个法国人在上海待了 27 年，做了那么多的好事，我们中国人、上海人应该纪念他，并把他的这种理念发扬光大。

参加中国人民反法西斯斗争和革命建设的犹太友人

王　健　上海社会科学院国际问题研究所所长、研究员、博士生导师

在之前为纪念中国抗战和世界反法西斯战争胜利 70 周年举办的一系列讲座中，我讲过二战期间中、犹两个民族互伸援手、互相帮助故事，主要是讲我们怎么去救犹太人。今天我们可以展开来讲一讲，在整个反法西斯战争包括中国的革命斗争中，一些犹太籍的外国友人对我们的抗战、对我们的革命作出过哪些贡献。

抗日战争是世界反法西斯战争的重要组成部分，具有一定的国际性，所以在整个反法西斯战争的过程中，许多外国友人也参与到抗日战争中。这些参加中国反法西斯战争、参加中国抗日的国际友人，主要作出了五个方面的贡献：

第一，直接参加战争。有许多外国友人直接到前线参

加抗战，比如大家耳熟能详的美国飞虎队。日本南下以后，整个中国的沿海都被占领，大量中国的抗日物资通过东南亚途经云南再被运到重庆大后方。日本人知道这条线路以后派了大量空军轰炸，而中国的空军力量很有限，于是美国组织了陈纳德飞虎队。飞虎队不是美国政府正式派出的部队，而是由陈纳德负责招募参与中国抗战。武汉保卫战中也有大量的苏联空军志愿军，他们主要是想撇开跟苏联政府的关系，因为苏联对日本宣战是最晚的。大韩民国临时政府在整个抗战期间一直在上海，很多韩国青年特别是临时政府的青年参加了国民党军队，直接参与抗战。

第二，医疗救护。有大量的国际医生参与了中国的抗日战争，比如白求恩、柯棣华，还有一批曾在欧洲参加过西班牙内战的医生。这些医生有些参加共产党领导的八路军、新四军，有些参加了国民党的军队，做了大量的医疗救护工作。

第三，宣传报道。为了将中国的抗日、反法西斯战争，特别是共产党领导的抗日，向国际社会宣传出去，不少外国记者发挥了重要作用，大家比较熟悉的有斯诺、史沫特莱、爱泼斯坦，他们的宣传报道有助于为中国的抗日争取世界的支持。

第四，情报工作。佐尔格小组所获取的情报作用非常大，主要有两块，一块是德国进攻苏联的大概时间。佐尔格小组里有日本情报人员，通过他们提前获取了相关信息，汇总到斯大林那里，中国共产党也将了解到的情报消息汇总到斯大林那里，使他第一时间做出判断：1941年6月22日德国开始巴巴罗萨计划。第二块是莫斯科保卫战之前，对日军的进攻到底是进一步南下还是北进要有一个判断，如果北进，苏联势必要把大量的部队留在远东，但情报告诉他不是这样，于是斯大林就把远东地区的部队大量地调往南部。因此情报工作对莫斯科保卫战的作用很重要。

第五，军事培训。延安美军观察组的功能有三点：一是了解中共的态度和政策，这是基于美国战略，他们很想了解中国共产党对美国的态度，对中国未来发展的态度；二是开展情报工作，当时美军要轰炸华北日军基地，要在延安附近和华北地区获取地面的情报；三是培训中国共产党领导下的军人。

在这些参与中国抗战的国际友人里有一些是犹太人，他们有三个特点：第一，犹太人中有很多是左翼，所以大量的犹太友人到中国，记者也好，医务人员也好，绝大多数参加了共产党领导的抗战；第二，他们本身就遭到了纳粹的迫害，对法西斯特别仇恨，这一点和中国完全一致；第三，犹太人没有国家，分布在各个国家，直到1948年才有以色列的建立，在这之前我们只能叫他们犹太人，由于这个局限，他们很多人不可能参军或者直接被派到部队，而是根据自己的特长选择相应的工作，当记者的多，做医生的也不少。他们参加中国的抗日战争，主要是通过医疗救护和宣传报道。

第一位是非常有名的奥地利医生罗生特。他参加了新四军，所以去世以后，大家就叫他"新四军中的白求恩"。奥地利政府对他也非常重视，罗生特是见证中国和奥地利友好关系的一个重要人物。罗生特 1903 年出生在奥匈帝国，从著名的维也纳大学医学院毕业以后做住院医生。1933 年希特勒在德国上台以后，奥地利也掀起了一股右翼浪潮，当时奥地利基督教社会党领袖陶尔斐斯发动政变。在这个过程中，罗生特站到了左翼一边，参加了社会民主党，后遭到了逮捕，没多久被放出来后到医院做泌尿科大夫。他的医术高超，所以在奥地利已经过上了比较好的中产阶级生活。1938 年，德国吞并奥地利，奥地利的反犹比德国还要厉害，作为犹太人又是社会民主党的罗生特就被纳粹关到了德国的布痕瓦尔德集中营，代号 96196。他在那里整整待了一年，受尽了酷刑。当时德国的政策主要还是排犹和驱赶，规定只要能够在两个星期之内离开的，就放出去。

在这样的情况下，罗生特通过各种努力获得了当时中国驻奥地利总领事何凤山批准的签证，跟他的弟弟约瑟夫还有一个同学一起到了上海。到上海后，一开始他只能住在虹口的难民收容所，后来他在法租界开了个诊所，主要是泌尿科和妇产科，因为医术高明，他在上海摆脱了难民的生活。当时上海租界一些进步的外国人组织了共产主义学习小组，在这个过程中，罗生特知道了中国共产党领导的抗日，就积极要求去参加。1940年，他与新四军一个医务处的处长接上了头，在他的陪同下，罗生特穿着黑色的长袍，戴着十字架，以德国牧师的身份来到了江苏盐城的新四军总部，受到了陈毅和刘少奇的接见，被任命为新四军卫生部的顾问。1942年，在陈毅的介绍下，罗生特成为中国共产党党员，外国人加入中国共产党，这是比较少见的。

罗生特在新四军工作一段时间以后，当时山东军区的罗荣桓元帅有很严重的肾病，请他去看，所以他就到了山东解放区。罗生特和陈毅一家也非常有缘，陈毅介绍罗生特加入了中国共产党。抗战胜利以后，一部分外国友人就回去了，像印度的柯棣华大夫，但绝大多数犹太友人没有回去，他们倾向支持革命，一直追随共产党。罗生特在抗战胜利以后，就跟着部队转战东北，参加了整个解放东北的战役。他曾经担任第一纵队的卫生部部长，据查这是外国人1949年以前在中共担任的最高职务。1949年2月北京解放以后，罗生特从东北沈阳来到北京，在体检当中发现积劳成疾，患有冠心病、高血压、主动脉硬化性心脏病并伴有陈旧性心肌梗死，所以他提出希望能够休息一下，回到欧洲去看看自己的父母。1949年底，他到了上海，陈毅请他吃完饭以后，专门给他买了去欧洲的船票，同时也把他参加三野、四野的荣誉证书给了他。

罗生特1949年底回到欧洲，回到奥地利，但他的父母全部在二战期间的纳粹集中营中被杀害。他有个哥哥，身体也很不好。罗生特在奥地利一直找不到工作，所以他妹妹找到中国驻奥地利使馆，表示罗生特还是想回到中国，中国政府表示欢迎。罗生特的弟弟约瑟夫当时生活在以色列，他回中国之前去以色列看他的弟弟。非常不幸的是，1952年，他去以色列探亲的时候突发心脏病，在那里去世。现在以色列的城市拉马特甘有他的墓碑。几乎中国所有部级领导人到以色列访问，只要是第一次去，都会到他的墓地去瞻仰。2003年罗生特诞辰100周年时，中国还为他发行了纪念邮票。

第二个是傅莱。傅莱的年纪比罗生特小得多，他1939年到上海来的时候才19岁。傅莱出生在维也纳，原名叫理查德·斯坦因（Richard Stein）。别看他年纪小，在奥地利内战当中可是个红小鬼，在巷战当中就跟着父母做一些医疗救护工作。他实际上没有真正经过医学院培训，而是在培训班成长起来的，但后来成为非常有名的X光专家。

1937年，他加入了奥地利共产党。他父亲是公务员，母亲是个裁缝，所以在维也纳的生活还是不错。1938年纳粹德国吞并了奥地利以后，他因为加入了共产党而被列入黑名单，于是组织让他离开奥地利。傅莱1939年离开了女朋友，坐船到了上海。他的目标很明确，到了中国就是要去投奔八路军、新四军。在船上他就打听到宋庆龄可能跟共产党有点联络，所以他到了香港这一站就下船去找宋庆龄。但是由于当时没有确切的地址和联系方式，他兜了一圈没找到，就又坐船到了上海。一开始他在虹口难民营帮着做事情，但还是一心想要投奔八路军，所以后来就想办法到了天津，先在一个奥地利医生开的德美医院里面工作，后来到马大夫医院工作。

功夫不负有心人，1941年的秋天，傅莱终于和在华北的八路军联系上了。八路军派了交通员来接他，两个人骑着自行车，一路到了晋察冀抗日根据地，当时的司令员聂荣臻接见了他。考虑到他在医疗方面的特长，便安排他去治疗传染病，同时在卫生学校里担任教员。傅莱当时就搞中西医结合疗法，用土法治好了当地的疟疾。1944年他加入了共产党。聂荣臻对他说，你是个自由的战士，我给你起个名字叫自由，德文是Frey，音译就是傅莱。后来他就一直用傅莱这个名字到80岁去世。他一直留在中国，没有再回到奥地利去。傅莱对中国的抗日作出的最大贡献，就是用土制方法制作出了盘尼西林，即青霉素。当时的青霉素很贵，傅莱通过自己的努力，研制出来一种粗制的青霉素，也很有效果。1949年以后傅莱一直担任中国医学科学院情报研究所所长、全国政协委员。

还有一位医生叫汉斯·米勒，他也是奥地利犹太人，毕业于瑞士巴塞尔大学医学院，受过非常正规的医学训练。他来中国之前就结识了一个中国进步青年——他的同学蒋兆先。在跟蒋兆先的交谈中他得知了中国的抗日，就想方设法到中国来参加抗日。1938年以后，奥地利的反犹越来越厉害，汉斯的父母被抓到了集中营。汉斯知道情况非常紧急，就抓紧时间完成博士论文，然后来到了中国。他到上海后直接去了延安，担任了延安太行山区129师的医疗服务顾问，在那里做了大量的医护工作，也担任过延安国际和平医院的内科主任。抗战结束以后，米勒留下来跟着共产党走。值得一提的是，他在延安跟一个日本反战人士中村京子结婚，他们两个后来都生活在中国。汉斯·米勒在1949年以后也是全国政协委员。1949年以后外籍的政协委员据不完全统计有80%以上都是犹太人。

还有一部分在西班牙参加内战的医生，在西班牙内战失败后到了中国，建立国际援华医疗队，被称为"西班牙医生"。据爱泼斯坦回忆，西班牙反法西斯国际纵队的医生总共大概有20多人，其中一半以上是犹太人。他们绝大多数在国民党的部队。比较突出的有这几位：医疗队的领队傅拉都，波兰犹太人，曾经给董必武和邓颖超治病，医术高超，被董老称为"华佗"傅拉都。副领队是保加利亚人，中文名叫甘扬道，后来担任中国红十字会救护总队三中队队长，在抗日大后方的贵州、湖南、云南等地救助了许多中国士兵和平民。他后来与一位中国护士结婚。另外有一位是弗里茨·严森，中文名字叫严斐德，他不光是个医生，后来成为一名记者。他抗战以后留在了中国，主要从事新闻报道工作，为解放后的对外宣传作了很大贡献，后来在国民党特务暗杀行动的"克什米尔公主号事件"中不幸遇难。

宣传报道方面也有几位非常有名的犹太人，第一个是汉斯·希伯，他在中国的国际友人中影响很大。他出生在波兰的克拉科夫，后来到了德国。他有语言天赋，懂五国语言：德文、英文、法文、波兰文、中文。因为懂中文，希伯1925年就来到了中国。遇到五卅事件，就把五卅事件报道出去。他还参加了国民大革命，担任北伐军总政治部机关刊物《中国通讯》的编辑，宣传国民革命军的主张。他的马克思主义理论基础很好，在担任编辑期间，他把马克思对中国的评论节录出来编了一本书，在当时的影响比较大。大革命失败以后，因为他是个典型的左派，所以就被国民党解雇，回到了德国。1927 年，他在德国把在国民革命时期担任编辑时写的一些文章，包括共产党和国民党关于中国革命的一些文章汇编成册，取名《从广州到上海（1926—1927）》①，以德文在柏林出版，在国外产生了很大影响。许多西方的国际友人看了这本书才对中国革命有所了解，到中国来参加抗战，包括史沫特莱这批。

1932 年希伯与同为德国共产党员的秋迪·卢森堡结婚，婚后，他们两人又回到中国，在上海定居，担任一些西方媒体如美国的《太平洋事务》、德国的《世界舞台》等杂志的撰稿人，宣传中国。特别值得一提的是，1934 年在宋庆龄的倡议下，在上海的外国进步人士成立了一个共产主义学习小组，他是主要负责人，罗生特就是通过这个小组知道新四军、八路军的抗日而后再加入其中的。这个学习小组里有很多人非常有名，包括美国著名记者史沫特莱、新西兰裔的路易·艾黎、一直跟着宋庆龄参与中福会工作的耿丽淑。这批外国人里的进步分子后来都成为共产党非常亲密的朋友。

抗战爆发后，希伯特别关注八路军和新四军的敌后抗战，他认为国际社会当时对中国的抗日，特别是对中国共产党领导的抗日了解不足，所以就想方设法报道这些信

---

① 参见《希伯文集》（汉斯·希伯著，山东省中共党史人物研究会编，山东人民出版社，1986）。

息。1938年春天，他经武汉到延安采访，毛泽东接见希伯之前曾接见过埃德加·斯诺。斯诺的《红星照耀中国》一书影响非常大，当时中国国内和世界上根本就不知道中国共产党、毛泽东、朱德，就是这本书让世界也让中国人了解了在延安的中国共产党人到底是什么样的。但是在希伯看来，斯诺不是一个革命者，只是个自由记者，希伯对报道中共有不同的看法。所以毛泽东在接见希伯的时候做他的思想工作，说斯诺虽然是自由派记者，但是他态度还是比较积极的，还是以正面报道为主的，我们作为革命者，心胸要宽广。毛泽东既做他的思想工作，也感谢他为中国革命和民族解放事业所做的许多工作。1939年2月，希伯跟美国记者史沫特莱一起到了新四军总部，见了一批新四军将领，包括叶挺、刘少奇、项英、陈毅、粟裕等，获得了中国共产党在抗日战争中的第一手资料。采访结束后，希伯回到上海，把这些情况也报道出去。1941年皖南事变，国民党把一些不实之词加在新四军、共产党头上，说共产党违抗命令不肯北移。这时希伯挺身而出，把他1939年采访叶挺的文章又拿出来再去发表，他说在采访过程中觉得叶挺是个正直、勇敢的人，不可能做这些事情。希伯通过一系列新闻报道，把共产党领导新四军、八路军抗日的事迹报道给世界。

采访完新四军以后，希伯又提出要到山东军区采访。

当时的山东抗日根据地比新四军的根据地危险，所以新四军总部就劝他不要去。他说山东抗日根据地没有外国人去报道过，所以一定要去。在他的强烈要求下，新四军就派了几个战士掩护他到了山东。到山东根据地115师以后，他又拼命地写，向国外宣传。当时山东报纸刊登的消息说，在抗战中外国记者到山东的，以希伯先生为第一。山东抗日根据地对他冒着生命危险来采访非常感激，专门举行了盛大的招待会。在招待会上希伯非常有感触地说，要想真正了解今天的中国，真正了解中国人民怎样英勇地和他们的敌人日本侵略者坚决斗争，就一定要亲身到中国的敌人后方来。希伯在生活中平易近人，当地的老百姓也很喜欢他，叫他"外国八路"。

在一次大扫荡（即大青山战役）中，希伯所在的部队有一个连的兵力，却遭遇日本人一个加强旅的围困，在非常危急的情况下，连长说，我们分三批突围，第一批就把希伯救出去，但他不肯。第一批冲出去以后又让他第二批走，他还不肯，他说要跟战士们一起战斗。后来在第三批突围的过程中希伯被日本兵乱枪打死，身中七枪。在中国参加新闻报道的外国记者中，真正在一线跟日本人交过战而且牺牲的只有他一个。希伯牺牲以后，罗荣桓等当时的军分区首长专门为他题词——"为国际主义奔走欧业，为抗击日寇血染沂蒙"。临沂在修建华东革命烈士陵园的时候把希伯的墓碑移了过去，专门为他树了碑，还做了一个铜像。这样的国际友人，值得我们永远纪念。

第二个是爱泼斯坦，大家相对比较熟悉，几代中国领导人都为他祝过寿。爱泼斯坦出生在波兰的犹太家庭，但从小长在天津，在天津的《京津泰晤士报》当过记者。他父母是波兰的左翼人士，后来逃到俄罗斯。俄罗斯后来也迫害犹太人，他们又逃到亚洲。所以爱泼斯坦绝大多数的时候都是生活在中国。1933年爱泼斯坦认识了非常有名的记者埃德加·斯诺，受斯诺思想的影响，他也开始参与到对中国革命的报道，担任了斯诺创办的英文杂志《民主》编委。后来他和宋庆龄关系很密切，参加了保卫中国同盟，并到香港担任保卫中国同盟刊物的英文编辑工作。爱泼斯坦的第一部著作《人民之战》赞扬了中国人民的抗日，同时他还把许多中共中央的重要文献、中国领导人的重要著述包括《论持久战》译成了英文，在全世界刊登。1944年爱泼斯坦访问延安时受到毛主席接见。1949年以后爱泼斯坦就留在中国，后来担任中国对外宣传最主要的杂志《中国建设》的编辑，对中国外宣工作作出重大贡献。

第三个是位女士，叫魏璐诗（Weiss），她毕业于维也纳大学，哲学博士，对中国文化有浓厚的兴趣，毕业以后就到上海当记者，并写了一些谴责日本侵略者的文章。后来日本驻维也纳的领馆告她的状，迫于压力她不能写作，就在上海一座犹太学校当老师。魏璐诗原来只对中国文化有兴趣，但是在上海当老师的这段过程中，她接触了进步的外国人，比如路易·艾黎、史沫特莱。她还认识了鲁迅，对中国社会的认识日益加深，在抗日时期成为史沫特莱在中国的重要活动助手。史沫特莱跟红军将领秘密会谈，包括采访鲁迅的时候，都是魏璐诗做翻译。她还受史沫特莱之托全面报道了"一二·九"上海学生运动。全面抗战以后她离开上海，到大后方参加了保卫同盟的工作，和外国友人一起在成都创办了英文报纸《新闻快报》。抗战胜利后她申请加入中国国籍，一直留在中国。1949年以后，她在外文局工作。

记者里面还有沙博理(Shapiro)，他不是来参加抗战的，他到中国来的时候抗战已经胜利了。他原来是个华尔街的律师，很有钱，到中国来原是为找商业机会。后来认识了一个进步的青年演员叫凤子，他爱上了凤子，后来跟凤子结婚，两人就一直生活在这里。他对中国革命也有贡献，因为他太太凤子是进步人士，所以利用他独特的身份，他将当时在上海的住所作为向解放区和人民军队运送药品的地下党秘密据点。1949年以后他担任了外文局的英文专家，向世界介绍了中国的许多名著，像《水浒传》《林海雪原》等等，特别是他晚年开始研究在中国的犹太人，专门编过一本《中国古代犹太人：中国学者研究文集点评》

（*Jews in Old China: Studies by Chinese Scholars.*），并完成了自己的自传——《我的中国》。凤子去世比较早，后来他就一个人住。沙博理把自己的一生形容为"创造中国历史最伟大变革的超速离心机中的一颗微粒"。

莫里斯·科恩（Morris Cohen），绰号"双枪科恩"，出生在英国，小时候很调皮，经常打架，后来被送到加拿大，认识了当时在加拿大为自由民主革命募捐的孙中山，于是他就追随孙中山。孙中山回到中国，在广州正式成立国民政府以后，科恩到广州找孙中山，被孙中山留在身边做保镖。他枪法非常准，平时身上带两把枪，所以叫"双枪科恩"。这个人比较传奇，第一个传奇之处是，抗战之前他到了香港，日本占领香港以后他被日本人抓住，因为他是加拿大公民，也算敌侨，被关在香港斯坦利监狱，但他居然从监狱里逃出，回到加拿大，在北美负责宣传中国抗日，为中国募集军火。第二个传奇之处，就是以色列1948年建国之前，联合国有个巴以分治决议要投票，当时的中国国民政府考虑到因国内有大量的回民穆斯林，所以准备投反对票。得到这个消息以后，在中国的犹太人和世界范围内的犹太人都非常着急，他们飞到纽约去游说，找到了著名的外交家顾维钧，希望他能出面让国民政府不要投反对票，顾维钧一开始并不同意。最后美国的犹太人没办法，就去把在加拿大的科恩请到纽约，科恩最后说服中国在巴以分治决议上投了弃权票。第三个传奇是，1949年以后，科恩应宋庆龄的邀请于20世纪50年代来到大陆，希望成为两岸之间的中介，利用自己原来跟国民党的关系促进大陆和台湾的统一。

汉斯·希伯的遗孀秋迪·卢森堡在丈夫去世以后，留在中国参加革命，和宋庆龄是很好的朋友。

美国共产党的创始人之一雷斯也留在中国，在新华社工作。

萧山的夫人叶华是德国犹太人，她和萧山是在德国认识的。在抗日战争爆发后，特别是世界反法西斯战争统一战线形成以后，中国共产党在延安召开了东方反法西斯统一战线大会，当时把犹太民族视为东方反法西斯民族，因为当时叶华正好跟萧山在延安，又正好是犹太人，就作为犹太代表被选进了世界东方反法西斯统一战线执委会的委员。她的主要工作还是放在幼教方面。

当时上海接纳了一批犹太难民，统计下来人数至少26 000多，这些人到了中国来以后，开始是逃难，对中国的抗日不参与，是中立的状态，因为不想得罪日本人。"九一八"事变以后，当时犹太人在上海最主要的刊物《以色列信使报》专门讲到，"希望中日双方能够友好相处，我们对中日之间的冲突持中立立场"。但是当日本人对中国文化进行破坏，把闸北的商务印书馆和东方图书馆给炸了之后，犹太人就站在中国一边了。1937年7月全面抗日战争爆发以后，这些犹太人从中立转向同情和支持中国抗战，说"我们真诚地希望中国人民最终能够取得胜利"，完全支持中国。在这样的大背景下，很多在上海的犹太人都参与到中国的抗日战争中。

还有一个犹太难民赛来格，他在自己的回忆录中讲到，当时他是一个五金技工，技术非常好，来了中国以后在一个厂里工作。后来日本人要求该厂为日本生产军工设备，他就说服中国的工人，用他的技术把引线弄得短一点，使生产出来手榴弹都变成了哑弹。日本人发现以后就到这个厂里来，把中国厂长给枪杀了。他因为有犹太人的身份幸免于难。他在自己的回忆录里面把这段写了出来，是很多上海犹太难民故事里比较重要的一段。后来中国和以色列一起搞了个音乐剧叫《犹太人在上海》，主要的故事线索和剧情，就是从赛来格这个故事而来。

我们今天主要是谈参加中国抗日和抗日以后为中国革命建设、革命斗争作出贡献的犹太人。再往前面一点，在中国共产党的建立过程中，共产国际派来的很多顾问、代表中有许多也是犹太人，比如鲍罗廷、越飞、马琳、里德等。

在中国的国际友人中，如果按照民族来划分，犹太人的比例确实比较高。中华人民共和国成立以后的外国籍政协委员，大批都是犹太人，这一方面是因为犹太人的革命性很强，犹太人里面左翼很多，当时纳粹反犹、世界反犹的原因之一就是犹太人中很多是革命者，是共产党；另一方面，中国人跟犹太人在文化上也有一定的相通性，这也使得在中国的反法西斯战争和革命的建设中，国际友人中的犹太友人占了一个相当重要的地位。

中华民族和犹太民族是世界上公认的到目前为止没有中断过的民族，这两个民族在各自或者共同的困难时期也相互给予帮助。在中国抗日战争胜利70周年的时候，以色列驻上海总领事馆专门做了一个片子，叫《谢谢你》，一分多钟的短片，各种文字的谢谢。据说后来中国有个频道也做了一个片子叫《不用谢》，也是一分钟。中国人和犹太人之间确实需互相感谢，因为双方都为彼此作出了很大的贡献。

上海解放第一年

刘 统 著名军史专家
上海交通大学历史系教授

　　今天讲座的内容是上海解放第一年。上海这么大一个城市，当时有 600 万人口，又是中国的商业中心、金融中心、工业中心，中国共产党过去都是在农村打仗，刚刚进入大城市，他们能不能管好上海？能不能让上海重新焕发活力？这是一个非常大的转型，也是一个非常复杂的问题。在进军上海之前，中共中央就已经考虑到这个问题了。1949 年 3 月在西柏坡开七届二中全会，毛泽东就提出，当下面临工作重心从农村转向城市的一个重大的转折，情况将更加复杂、斗争将更加激烈，务必使同志们继续地保持谦虚、谨慎、不骄、不躁的作风，务必使同志们继续地保持艰苦奋斗的作风[①]，当年这"两个务必"就给各级干部提出来了。

---

① 毛泽东.毛泽东选集（第 4 卷）[M].北京：人民出版社，1991.

随着解放军前进，国民党败退，1949 年 4 月 25 日南京解放，宣告了国民政府的垮台。进南京之前，尽管已经做了城市纪律的教育，尽管已经三令五申，但是还是出了很多的问题。首先，解放军对城市的东西都不会用，电灯泡会开不会关，把电灯搞坏了；抽水马桶不会用，把厕所也搞坏。司徒雷登就因为解放军进了他的屋子，通过报纸向中共中央提出了严正的抗议，引起了中共中央的高度重视。

中央给渡江战役总前委刘伯承、邓小平、陈毅、饶漱石下了严厉的命令，说进南京出了这么多的问题，进上海更得做好充分的准备。所以上海不要着急进，要缓进，做好了充分的准备再去，第一要保证上海完好无损地归还到人民手中，不许破坏上海市区，不许在上海市区进行战斗，这叫"瓷器店里抓老鼠"。务必保存上海的一切，让上海能够迅速恢复正常运转。这就给华东局、第三野战军和总前委出了一个很大的题目，进上海，你怎么敢保证能够做到万无一失？

5 月 3 日，陈毅、邓小平、饶漱石来到了丹阳这个小城，在这里总前委进行了半个月的丹阳整训。这个整训干什么？第一，组织准备。进上海之后怎么接管？当时华东局调集了最精锐的干部，一批是山东老区的干部，一批是上海地下党的干部，这些人过去都是搞经济工作的、搞文化工作的、搞公安工作的，都是专业干部，于是把他们都集中到丹阳。上海地下党给三野提供了大量的情报，当时他们将汇集的上海方方面面的档案、资料、情报，分门别类装订成册，一共是20多本资料汇编，上面详细记载了上海的金融情况如何，上海的工业情况如何，上海的商业情况如何等等。然后这些干部分成若干个专业小组，比如财政接管委员会、文化接管委员会、公安接管委员会等等，专门研究这些情况，准备进行接管。这些工作可以说是非常紧张，你要在10天之内把这些资料都读熟，掌握在心，进入上海后马上就分头行动，各干各的，这样才可以保证在接管上海的过程中基本没有空白期。

第二，政策准备。进上海这样的大城市那可不是闹着玩的，不知道会遇到多少新鲜情况。陈毅在丹阳开大会，对干部们严厉地说，他跟饶政委上街，到了戏院门口一看，有几个干部进去看戏不掏钱！解放军进上海，上海有五六百万人，上海人每天要吃的饭、出的垃圾就不得了，要是管不好上海，在全国人民面前就没法交代。陈毅特别强调了城市纪律。这个城市纪律不是陈毅发明的，而是中共中央的命令，第一条就是不进民宅。陈毅说，解放军进上海，第一条就是不许进民宅，天王老子也不许进，这是解放军送给上海人民的第一份见面礼。然后他们又制定了详细的城市接管政策，最重要的是教育战士。于是三野政治部在很短的时间里，编了本小册子叫《城市常识》，这个《城市常识》当时每个连指导员一本，给战士讲课用的。我一看这个小册子，里边用非常生动的语言给你讲上海的各种情况，而且这些情况一看就是内行人写的，非常通俗易懂。比如说上海人分多少个阶级，工人阶级什么样，商人什么样，自由职业者什么样，学生什么样。细到什么程度呢？里面写了，上海的大学生是很时髦的，穿得很时尚。抗战胜利后，美军在上海倾销战争剩余物资，卖了一大堆美军军装，这些美军军装都是西式的卡其布夹克，样式好，料子笔挺，所以上海很多大学生都穿美式军装。但是你千万别误会，这军装上一没有肩章，二没有徽标，所以不要误以为他是国民党军人。你看说得多明白。另外，小册子还告诉这些"土八路"电灯泡怎么使：电灯泡上面有开关，老式的是这样摁的，你可千万别摸着灯泡。上街一定要遵守公共秩序，过马路要看红绿灯，不要乱穿行。上火车更要注意，第一要买票，第二在火车站上车，不能像拦汽车、马车一样，你要是在火车道上拦火车，火车不会停下来，轧死你也不偿命。还有方方面面的常识，比如到了上海要警惕，防止小偷等等。你看这些小册子写得多详细、多生动啊！这样就大大避免了解放军进城之后犯纪律、出问题、闹笑话。这种政策准备，也是丹阳整训的一个重点，主要是教育各部队。

第三，物资准备。考虑到进上海之后，军队要吃饭，要生活，还要维持上海的正常运转，所以解放军进上海前从解放区大量地调了粮食、煤炭，把一切都准备好了。上海一解放，这些物资马上就运进上海，恢复上海的正常生活。还有一条非常重要，就是人民币。上海解放后，不能用国民党的票子，得用人民币。上海得用多少人民币啊！所以在过江之前，就在北平开动了印刷厂，在那里印人民币，丹阳整训的时候，人民币就从北平源源不断地运来了，装了40辆大卡车。各个面额的人民币一共装了多少呢？一共4亿5 000万。这4亿5 000万人民币就是共产党进上海之后，恢复正常的生活运营的第一步。所以大卡车的车队跟着陈毅的车队，领导到哪里，这个车队到哪里。一进上海，这个车队在顾准局长的带领之下，就开到了上海外滩的中国银行，全部入库。这个工作做得可以说是严密对接，一天都不差。所以丹阳整训表明共产党不打无把握之仗，未雨绸缪，把进上海方方面面的情况都设想到了，都预料到了，这样才开始攻打上海。

上海战役是1949年5月12日开始的，在此之前，三野副司令员粟裕在苏州已经做好了一切部署，当时是想把上海国民党军全部消灭。两路大军，第十兵团猛攻月浦、大场，第九兵团迂回到外高桥，目的就是从两头掐住吴淞口，把敌人消灭在郊区。这场战役的重点，就是规定各部队一定要想法子在郊外解决战斗，千万不能把战争引向市区。如果战争不得不进入市区，解放军也绝对不许使用重武器。说句实在话，当初有点轻敌。因为过江之后，国民党军队是望风而逃，解放军就想着上海的国民党军哪还有斗志，肯定是一打就稀里哗啦投降，所以上级考虑是文进还是武进，最好是让国民党军起义、投诚，这样可以兵不血刃进上海。所以当时对可能面临的艰苦情况准备不足。但是汤恩伯接到蒋介石的命令，是让他再坚守半年，等待第三次世界大战的爆发，所以他们就不敢撤退。其实蒋介石是在进行一个特别大的战略行动，就是要把上海乃至中华民国最重要的资产都搬到中国的台湾去，拖一天他就能多搬一天啊。

上海战役一打响，解放军才发现情况不像想象的那样简单。国民党军不但没逃跑，反而还顽强抵抗。因为解放军要掐住吴淞口，要把他们彻底消灭，国民党军是困兽犹斗。解放军在进攻郊区的时候，到处都是河湖港汊，打起仗来才发现情况跟淮海战役是完全不一样的。当年打淮海战役的时候，解放军采用的是近迫作业的方法。什么叫近迫作业？就是国民党的战壕在前面，解放军一条一条沟往前面挖，他也看不见你人，等到了离他们还有几十米的时候，再突然从战壕里扔手榴弹，然后就发起攻击。离得这么近，国民党军很难抵抗，重炮也发挥不了作用。但是到了上海郊区，解放军突然发现这办法根本用不了。上海的土地挖地两尺就见水，所以只能在平地发起攻击。28军的一个老同志后来回忆说，国民党军的炮火比淮海战役的时候还密集。所以在月浦和外高桥，解放军遭到了重大伤亡。战后统计解放军伤亡是7000多人，在一场战役里可以算是相当大的牺牲了。

粟裕知道战役进展不顺利，于是改变方略，采用"围三阙一"的战术。放开吴淞口，让国民党军从海上逃跑。国民党军一看有了退路，坐着船纷纷从吴淞口往长江口外逃跑，这样国民党军就毫无斗志了。解放军肃清了外围敌军，开进了上海市区，在苏州河沿岸又发生了激烈的战斗。国民党军守着苏州河北岸的大楼，百老汇大楼、邮电大楼、河滨公寓等等，居高临下，拿重机枪封锁苏州河各桥头。解放军暴露在开阔环境下，遭到伤亡也冲不过去，解放军打红了眼，就要求开炮，聂凤智军长说不许用，结果27军一个团长朝着邮电局就开了一炮，尽管是迫击炮，但也立即遭到了严厉的制止。干部就问聂凤智军长，到底是资产阶级的大楼宝贵，还是我们战士的生命宝贵？聂军长说，这些大楼现在是资产阶级的，明天解放了就是人民的，所以一定要把它们拿回来。在这个关键时刻，地下党发挥了作用。地下党找到了上海警备副司令刘昌义，说服其投诚。地下党和 27 军共同策动刘昌义部队放下武器投诚后，上海完好无损地回到了人民手中。

1949 年 5 月 27 日，战斗平息。这一天早晨，上海的市民打开房门一看，大吃一惊，大街上躺满了解放军战士。解放军进上海睡大街，一下就征服了上海的人心，甚至征服了全国的民心。荣毅仁在公馆里听管家说解放军都睡大街上了，他出去一看，果然是这样。科学家竺可桢也在家里，看到外边解放军睡大街。他们两个人都在回忆录里写下了看到的这一幕，也知道国民党回不来了。确实如陈毅说的，解放军不进民宅。

但是我作为一个军人，看了解放军睡大街的照片之后，就有个疑问：难道我们的军长、师长都不爱护战士吗？就让战士睡大街，战士生病怎么办？不爱护士兵的首长不是好首长。这到底是怎么回事呢？后来我看了三野的作战总结才明白，原来是 27 日战斗结束了，陈毅带着各路接管人马立刻接管，有的接管银行，有的接管公安局，有的接管大学等等。但是解放军部队哪个师、哪个团住在哪儿，这是事先根本预料不了的。你哪知道部队的哪个团到什么方位了，你哪知道哪里有什么大楼啊，战斗停止之后才开始找房子。陶勇军长上街去找空房子，走了半个小时，迷路了。军长进上海东南西北都分不清，就更别提战士了。所以战士只能在马路边上等着，各级干部去找空房子，看看哪个学校是空着的，哪个仓库是空着的，哪个国民党机关大楼是空着的，再回去找部队，再住进去，是这样一个过程。最快的用了 24 小时，最慢的用了两天三夜。

这个过程中，解放军怎么吃饭？解放军不许进民宅，当然也不许用老百姓的东西做饭，也不许在街上的烧饼店买粮食，就得吃部队自己做的饭。一个指导员说，他带着部队都冲到虹口公园那边了，结果部队后勤还在徐家汇，打完仗以后只好等着后勤把饭送上来。后勤做了两大锅米饭，开着卡车终于来送饭了。解放军没碗，谁打仗的时候带着饭碗了？就把钢盔摘下来盛点饭吃，咸菜都没有。当时好多上海老百姓看着解放军蹲在路边就吃白米饭，还是冷饭，就赶紧送点咸菜什么的，解放军一概不要。

吃饭的问题解决了，上厕所怎么办呢？上厕所也不许进民宅，白天憋着，到后半夜以连排为单位，找大街上的公厕。有的大街上是有公厕的，但是有的找不着公厕，于是只能趁天黑时候到黄浦江边去解决。所以刚进上海的时候，情况确实是非常艰难，但是解放军都熬过去了，做到了一条——不入民宅。解放军用自己的模范行动，表现出他们是一支真正的人民军队。

28 日那天，陈毅高高兴兴地到了工部局，是汉口路江西路的那个楼，后来是上海市政府，陈毅接管了市政府。

然后各单位迅速地接管银行、仓库、工厂。共产党在接管这些单位后，真正倒吸了一口冷气，所有的银行都是空空如也。蒋介石在半年的时间之内，搬走了中华民国几乎所有的资产。蒋介石在1948年10月淮海战役刚刚开始的时候，就已经预感到打不过共产党，于是他组建了个绝密的班子，这个班子最后给蒋介石一条建议，撤往台湾。台湾是个岛，共产党当时没海军、没空军，过不去，守台湾可以守得住。蒋介石做出这个决策之后，就开始组织一个秘密行动。首先他让国民党中央银行总裁俞鸿钧，把国库的黄金、银元、外汇，全部用军舰运到台湾去。当时金库在哪里？一个是外滩17号的中央银行，一个是和平饭店旁边的中国银行。苦力们半夜把这两个银行金库里的黄金一桶一桶地搬上军舰，军舰就停在黄浦江上，然后一船一船地运到台湾。在长达5个月的时间里，蒋介石可以说是运走了中华民国几乎所有的资产。所以蒋介石后来把台湾的经济发展起来没什么了不起的，他是把财产都给抢走了，留给上海人民的是一个一穷二白的烂摊子，国家银行里分文没有，私人银行里还剩下20多万银元。共产党第一个任务就是养活600万上海人民，老百姓天天要吃饭，压力真是大极了。

共产党的第一个行动，就是把国民党的金圆券全部换成人民币。这可以说是共产党替国民党背锅。国民党把所有的黄金都搬走了，把老百姓的黄金都弄成金圆券，最后老百姓手里剩一堆废纸。但老百姓得过日子呀，于是共产党就把老百姓手里的金圆券全部兑换成人民币。那么这一换，几天之内有3亿8 000万人民币都换了金圆券，等于是这些钱全都扔水里去了，共产党自己都没有流动资金了。结果人民币进了上海，老百姓全都不相信，不是说老百姓不相信共产党，而是从1947年下半年开始，上海形成一种社会病——不信纸币。因为国民党时期的通货膨胀，货币贬值，老百姓看见纸币就害怕，所以一发了工资之后，赶紧去把纸币换成东西，一个是换成大洋，另外一个是换成实用的东西。所以当时抢购风、囤积风盛行，见什么东西都抢。上海解放之前，老百姓连百货公司里的皮大衣都抢光了，因为他们觉得手里攥着东西，总比纸币强。共产党进了上海，老百姓不信人民币，这纸票子能管用吗？所以南京路上的几大公司还都是用银元来标价，人民币一路狂贬，以至于南京路上到处都是银元贩子，拿着"袁大头"换人民币。人民币5月28日公布的牌价是100元人民币换一块大洋，结果短短十天过去，到了6月8日，就变成了1 800块人民币换一块大洋了。陈毅一看这还得了，人民币如果在上海站不住脚，就是共产党在上海站不住脚，所以迅速把这情况报告了中央。中央非常重视这件事情，指示一定要狠狠打击上海的银元投机。于是就侦查情况，看看上海这些投机商总根子在哪里，后来发现是在汉口路的证券大楼。这些证券商就是在这里操控市场，指挥那些银元贩子。摸准情况后，大批解放军和公安干警于6月10日突然出手，以迅雷不及掩耳之势，包围了证券大楼，一下就抓了400多个投机商。这一下把投机商吓坏了，南京路上的银元贩子立刻逃得无影无踪了。这样的铁腕钢拳，让人民币站住了脚。共产党在上海打赢了第一个回合，银元之战。

在接管上海、稳定上海市面的过程中，情况就更加复杂了。解放军进上海、接管上海，要有一个适应过程。国民党逃跑了，留下的这些旧机关人员都惶惶不安，不知道共产党还用不用他们，所以不敢办公，也不敢负责。因此上海在刚解放的头几天里处于青黄不接的时期，有点类似无政府状态。上海市里当时有好多难民、国民党的逃兵以及小偷土匪这些犯罪分子。这些人一看上海市面乱了，就开始兴风作浪。上海天天发生盗案抢案，也让共产党有点摸不着头脑，这么多坏蛋，到底上哪儿找、上哪儿抓？当时在上海街头，几乎每个十字路口都有一个解放军拿枪站岗。但是即使如此，因为情况不明，既逮不住坏人，也稳定不了上海的局面。这怎么办？当时上海地下党就给市委出了个主意，说还得用上海的老警察。上海的老警察有2

万多人，这些人是"三朝元老"，有的在租界里给洋人当过警察，国民党来了又跟国民党干过，现在这些老警察都惶惶不可终日，不知道共产党要不要他们，给不给他们饭吃呢。于是共产党就决定把上海市的旧警察全盘接下来，重新录用，让你上岗，给你饭吃，这一下上海的老警察就安心了。解放军的干部接管公安局后，给警察提出了一个口号，过去叫警察人民，现在叫人民警察，要彻底地改造，为人民服务，这些旧警察的积极性就被调动起来了。他们熟悉上海的情况，知道哪些地方是案件高发点，哪些地方是城乡接合部，哪些地方是贼窝。这些人被发动起来之后，共产党就有了帮手。在这些警察的帮助之下，上海市委组织全市大搜捕，一下就抓了四五百个犯罪分子。然后又加强治安巡逻，加强巡视管理，上海的盗案抢案就大大地减少了。

但是有一个问题，上海的市面这么乱，情况这么复杂，怎么才能把上海彻底管好？怎么才能消灭犯罪分子的这些窝点？地下党的老同志又给上海市委出主意。上海过去为什么这么乱？因为上海的租界就是冒险家的天堂。上海租界都是按照外国的管理方法管理的，户口管制很松，人想住哪就住哪。而且20世纪的二三十年代是上海房地产大发展的时期，石库门小区都是在那个时候建立起来的。所以在上海租房子特别容易，你找房东租房子，只要给钱就行，人家也不问你来路。所以这种户口管控的松弛，就使得中共中央能够在上海坚持那么多年的地下斗争。当时的老同志告诉我，在上海搞地下斗争，就是以租界为界，特别是新闸路。新闸路北边是闸北区，是华界；南边是静安区，是租界。地下党就在新闸路两边租房子，白天跑到闸北区去，到工厂去搞工人运动，到学校去搞学生运动，如果国民党警察来追就跑到租界去，跑到租界国民党追不了你了，得租界的法国巡警抓你，但你在租界里没犯罪他也抓不了你。所以就是这么一个双重的局面，让我们的地下党能够生存下来。现在要想管好上海，最重要的就是把户口管理好，把人管住，这样才能真正掌控上海。共产党在1949年底，首先进行了一次全市的户口大清查，家里哪些是常住户口，总共几口人，都是干什么的，家里的阿姨哪来的，亲戚哪来的。外地人也都得到街道、派出所去报临时户口。商店雇的员工、工厂雇的工人都得报集体户口，到上海来探亲、旅游、做生意都得有当地政府开的证明。这一下就把犯罪分子的路堵死了。所以上海解放初期形成了一套相当严密的户口管理体制，上海的户口管理后来成为新中国城市管理的样板。

除了盗匪，还有国民党派遣的特务。国民党在离开上海之前，还不忘要把上海搞乱。特务头子毛森当时留下了一大批潜伏特务，让他们以各种身份藏起来，一有机会就出来兴风作浪，搞破坏、造谣言、做案子、刺杀首长。他们还不断派遣特务到上海来，还从台湾派来特务，执行各种各样的任务。共产党进了上海，怎么能在几百万人里把特务抓出来？怎么能知道哪些是好人，哪些是特务呢？这些情况容不得你慢慢来。当时上海主持隐蔽战线工作的是著名的地下党员潘汉年，他是上海市副市长，主持情报和肃反工作，具体执行人是上海公安局局长杨帆，他也是个地下党。这两个人对上海的情况特别熟悉。怎么把国民党特务抓住？他们两个就想了一个特殊的办法，叫以毒攻毒，以特制特。就是让共产党过去的叛徒、国民党留下来的特务以及过去在国民党的情报机关做过事的人来立功赎罪，当共产党的线人，通过这种方式把国民党特务找到。结果就来了个人，这个人是共产党著名的叛徒，叫胡均鹤。

胡均鹤1925年加入中国共产党，1928年时他是青年团江苏省（兼上海市）委员会书记，并作为共青团的正式代表去莫斯科开过六大，见过斯大林。胡均鹤于1932年在上海被捕，被捕之后受不了酷刑，叛变投敌了。当时叛变的还有一批共产党，其中有一个很著名的叫李士群，他是共产党的特科人员，也被逮住了。他们这些人投到国民党那，蒋介石说了一句话：这些人不可信任，他们能背叛共产党，也会背叛你。所以中统对这些共产党的叛徒都不重用，这些人就后悔了。抗日战争时期，汪伪政府来了，这些人就投了汪伪政府，组织成76号特务机关。76号特务机关在上海非常厉害，他们主要就是破坏国民党军统的地下活动。我们都看过一部电影《色戒》，当时就是戴笠派遣了一个美女特务郑苹如，20多岁一个小姑娘去色诱76号的特务头子丁默邨。丁默邨是共产党的叛徒，这家伙多狡猾，一个小姑娘哪是他的对手，没两下郑苹如就被丁默邨识破了，然后丁默邨就把郑苹如给枪毙了。所以国民党对76号特务机关是恨之入骨。潘汉年到上海重建地下党，就跟胡均鹤、李士群搭上了关系。这些人都想脚踩几只船，他们虽然当了汉奸，但是他们还想让共产党给他们留条后路。所以潘汉年的上海地下党组织就在上海建立起来了，胡均鹤、李士群对潘汉年起到了保护作用，他们互通情况，互相帮忙。抗战胜利后，李士群先被日本人毒死了，蒋介石对丁默邨这些特务恨之入骨，戴笠下令把这些76号特务全都枪毙了，就留下一个胡均鹤。因为胡均鹤当时跟国民党有暗中联系，这些人都是三面、四面的间谍，都是给自己留着后路的。胡均鹤虽然进了国民党的监狱，但是在1949年上海解放前夕，国民党把监狱的人都放了，胡均鹤就出来了。胡均鹤也知道国民党大势已去，于是他夫人就劝他，还是投靠共产党去吧。这样胡均鹤就到丹阳，找到了潘汉年，表示想悔过自新。潘汉年也不敢做主，于是就向华东局书记饶漱石报告，饶漱石马上决定此人可用，于是让潘汉年演出戏。潘汉年在社会部的办公室里跟胡均鹤谈话，劝他弃暗投明、悔过自新，这时候饶漱石突然来串门，他们俩装作不期而遇。彼时，饶漱石已经是三野政委、华东局书记了，胡均鹤原来是他的上级，现在只能是点头哈腰了。饶漱石就跟胡均鹤说，你要弃暗投明，要为人民立功等等。胡均鹤感激不尽，表示一定效劳。

胡均鹤跟着解放军到上海之后，在上海公安局组织了一个特别情报委员会，这个特别情报委员会里边收罗了400多个国民党的特务和情报人员，原来他们是给国民党做事的，现在给胡均鹤做事，这些社会关系就形成一张大网。共产党知道，国民党的特务要潜伏进上海，不会去住旅馆，那样太容易暴露了，而是一定得找关系住到别人家里隐蔽起来。不久就来了一个台湾大特务，叫刘全德。刘全德出身红军，原来是江西苏区政治保卫局的干部，后来到上海中央工作被国民党抓住后叛变。叛变以后他当了国民党的杀手，在抗战期间杀了几个汉奸，被戴笠称为第一杀手。1950年他被派回上海，任务是刺杀陈毅。刘全德非常狡猾，他不住旅馆，来了以后找朋友住。有一天有个线人到处转，突然在一个熟人家里碰见刘全德了。刘全德问：你干吗来了？他说共产党把他给开除了，现在没工作了，所以找朋友看看能不能找碗饭吃，等等。这样刘全德就不怀疑他了。两个人喝了一通酒，然后刘全德要到别处去，这线人跟刘全德走着，心里很忐忑，是抓他还是不抓他？要是打不过他怎么办呢？最后，只好眼睁睁地看着刘全德走了。这个线人马上跑到公安局向杨帆报告，杨帆就又派了别的线人去找。另外一个线人又在另一个地方找到了刘全德，这次线人是有备而来，他喝了几杯酒装喝醉了要先回去。出了门之后，马上在街上找到解放军，结果两个战士冲到屋里把刘全德抓住了。公安部长罗瑞卿听说抓住了刘全德，亲自到上海来提审他。刘全德又交代了好几个派遣特务，北京、广州当局也把这些特务抓住了，最后把刘全德枪毙了。这样的话，从1949年到1950年底，潘汉年、杨帆领导隐蔽战线，一共抓获了80多个国民党特务，使国民党派遣来的特务一个一个地落入法网。这样就保证了上海的安全，打击了国民党的破坏活动。

共产党在上海首先是稳定市面，打击敌特，下一步就是搞好经济。陈毅、饶漱石到了上海，要执行共产党的统一战线政策，一切民族资产阶级只要是爱国的，都要团结他们，都要跟他们一起把工作做好。于是陈毅、饶漱石就接见了40多个上海的资本家代表，好言相劝：你们放心，共产党肯定会帮助你们的。这些资本家一看共产党对他们这么好，马上表示一定开工。但这些资本家就真心拥护共产党？也不一定。他们是脚踩两只船，国民党确实不行，让人失望，但是共产党他们也未必信任。这些人在上海解放之前，都是骑着墙两头看。比如荣家，荣家开家族会议，荣德生老爷子说：我不走，我这么多产业，我要等着共产党来。荣家其他的兄弟都说得走。于是荣家分两半，无锡的产业荣德生老爷子管着，上海的申新纺纱厂和面粉厂荣毅仁少爷管着，其他的几个兄弟把主要的资金、机械设备全都搬运到了中国香港地区和泰国，在那里重新开厂。这非常符合上海资产阶级的特点，他们对于共产党还要观望。

共产党进入上海以后，第一条就是要让上海的工厂重新运转，但只这一条就非常不容易了。因为上海过去是一个外向型的城市，所有东西都是进出口的，上海的老人都知道，他们吃的米不是国产品，是暹罗米、越南米。工厂里用的棉花不是国产棉，是澳洲棉、美国棉，这些进口棉花质量又好，价格又低，所以上海的纺织业非常发达，纺织的成品不断销往国内市场，还有很大一部分销往国际市场。但是国民党撤出之后，驻军舟山，派海军封锁了长江口，还在长江口布水雷，这一下所有的外轮都进不来了。于是陈云就来到了上海，主持上海的财经工作会议，把外向型经济转为内向型经济，从解放区其他的地区大量地调米、调煤炭、调粮食，来维持上海的生活以及生产的运转。比如说上海的面粉厂生产的面粉质量特别好，但是没原料，美国的小麦进口不了，于是把北方的小麦一包一包、一船一船地运到上海，首先让那些面粉厂开工。这些面粉厂磨出来的面粉，不但供应上海市场，还要供应国内市场。共产党就大量地调进米、煤、棉花等原料，公家调的粮食都是平价，都是为了让老百姓能够过好日子，上海的商人一看又有利可图了，于是就大量地抢购囤积，不去搞生产了，把剩余的资金都拿来存货了。共产党的粮食一进上海，这些商人马上就一麻袋一麻袋地往家里买，囤在仓库里等着涨价，牟取暴利。

到1949年10月，又一场严峻的斗争打响了，即米棉之战。陈云是上海人，他对上海的商人、资本家可以说是了如指掌。他说这些人贪婪的本性、投机的本性是不会改变的，共产党要不给他们点厉害，上海的市面稳定不了，物价稳定不了，生产也稳定不了。所以陈云在上海运筹帷幄，要跟资本家打一场大战。他调集全国的物资、粮食，用各种手段源源不断地运进上海。火车运，轮船运，甚至是汽车运，以保证公家的商店天天有粮食出售，而且还天天降价。上海商人一看太高兴了，公家的商店里天天卖粮食，于是天天进货，这样商人的资金很快就用光了。商人资金用光了就去找钱庄，上海有好多钱庄，就是今天的小额贷款公司。他们借高利贷，然后继续吃进，想等着共产党没粮食了再往外抛，赚大钱。当时疯狂到什么程度，有一个词叫日拆，就是借你的钱按天算利息，我今天借了钱买了粮食，打算明天就抛出去，还高利贷。陈云不断地调粮食，还让北京、天津共同制造出一种假象，在北京天坛广场上拿席子搭大粮垛，往粮垛里面堆粮食，表示共产党的粮食多得连仓库都放不下了，都放在露天仓库里了。商人一看共产党粮食这么多，而自己的资金都没了，又欠了高利贷，粮食抛不出去怎么办？终于自己的仓库也填满了，资金也用光了，高利贷也付不起了，最后只能割肉往外吐。打了十几天的米棉之战后，陈云把物价稳定住了。上海的物价开始回落，物资供应趋于稳定，商人们赔了大本吃了大亏，这下都老实了。一听说上海的市场开始回落，资本家都开始往外吐粮食、物资了，陈云真是擦了一把冷汗。共产党的物资也是有限的，我们也不可能源源不断地调动，如果再坚持一个礼拜，商人还在那扛，物价就要崩溃了。

这一仗打胜之后，陈云得出了几个重大的教训。第一，关系到国计民生的物资，不能掌握在个人手里。粮食、煤、棉花都是老百姓必需的，如果掌握在个人的手里，他们就要兴风作浪，操控物价，所以这些物资一定要掌控在国家的手里。所以陈云就萌生了一个统购统销的设想，以后这样的物资都要由国家来统购统销，都由国家来统一调配。所以，1949 年以后，我们就实行了粮食、煤炭的计划供应，国家专营。农民不能再自由买卖粮食，都得交给国家的供销社，然后由国家来统一调配粮食，满足各地的供应，稳定物价。后来就实行了票证供应，国家就开始有了粮票、布票，上海就开始有了工业券等等。采取按计划供应的方式完全是因为新中国成立初期没有足够的商品供应社会，这是迫不得已的。不但如此，粮食、棉花、煤炭我们要掌握，一些重要的其他物资也必须由国家来掌握，比如说盐、烟酒，甚至像猪鬃这样的东西都得由国家来掌控，当时做牙刷、做各种刷子都得用猪鬃，连这些东西都要由国家来专营。陈云一下就在国内建立了几十家专业公司，比如烟草公司、糖业公司、盐业公司、酒业公司、土特产公司，都由国家来收购、专营，这样就彻底断绝了私人操控市场、操控物价的可能性。

第二，金融得由国家来专营。一开始在上海打银元之战，然后又打米棉之战，都是因为资金。资金要是动来动去，国家掌控不了，经济就稳定不了。怎么办呢？金融由中国人民银行统一管理。首先，美元、银元、黄金不能在市场上流动，一律要归中国人民银行。其次，彻底废除私人钱庄，私人钱庄成天高利贷放来放去，扰乱金融。最后，资本家既然能兴风作浪，说明手里还有余钱，正好国家缺钱，我们发行公债。当时 1949 年解放战争正在进行，国家需要大量的钱，但是许多地方还没有恢复正常生产，所以国家只能印票子，那会儿人民币一开始也是 5 元 10 元的，后来很快就变成 1 万元一张的大票子了，这就是通货膨胀。国家不能只印票子呀，得想法从民间收集一些资金。毛泽东觉得这事风险好大，问陈云发行公债到底行不行，国家还不还得起。陈云就给毛泽东做工作，说发公债全世界各个国家都有这个先例，都是拿它作为启动国家建设的资金。于是毛泽东就批准了发行国家公债。通过发行公债，社会上的流动资金进一步地收到了国家手中。这是国家进行的经济控制。

第三，统一财政。新中国的经济不能像过去的解放区经济那样各自为政。过去干革命的时候，中央不给你发钱，全靠各解放区自己筹钱，自己去办商业，养活军队，养活根据地，红军时期就是这么干的。到解放战争时期，东北解放区是一块，晋察冀是一块，山东是一块，中原是一块，自筹资金，自行发展，所以这样就出现了很大的不平衡。东北要人有人，要钱有钱，所以林彪的东北野战军能发展到 100 万人。山东老区也大，经济也比较富裕，华东野战军能发展到 70 多万人。但是彭德怀的第一野战军一共不到 10 万人，陕甘宁穷得叮当响，所以解放区经济在发展的过程中是非常不平衡的。这样各解放区都有自己的财政，各解放区都有自己的金库，中央也不知道他们到底有钱没钱。陈云调物资的时候，有些地方就不听话。所以陈云就考虑一个大问题，要财经统一，不能地方各自为政。这个事毛泽东也早就感觉到了。1947年解放战争进行到第二年，毛泽东统计了一下，东北解放区、山东解放区大仗打得热火朝天，一共俘虏了国民党的70多名将官，但是华北野战军聂荣臻的部队只俘虏了一名国民党的少将，还是个团长。于是毛泽东就严厉地批评华北，战斗为什么打得这么差。朱德和刘少奇要到西柏坡，毛泽东就悄悄地给朱德一个任务，去看看华北解放区是怎么打仗的。结果朱德到华北视察，马上给毛泽东写了一个报告，说聂荣臻的部队每个团都在做生意，每个团都开商店。这是抗日战争时期大生产形成的局面。当时晋察冀做了不少生意，跟敌占区做贸易，也挣了不少钱，为陕甘宁边区作了很大贡献。但是到了解放战争时期，各个团还在做生意，一个团有三分之一以上的人是做生意的、搞生产的，团长、政委每天晚上都得算账，这样的部队哪还能打仗啊。朱德说，要割尾巴，把经商切开，所以反对军队经商是从朱德1947年视察西柏坡后开始的。这样的话，把尾巴切了，各部队精简了，战斗力加强了，然后才打了个清风店战役，把国民党的军长给俘虏了。新中国成立了，不能允许各解放区搞独立的经济。陈云下令统一财政，把各解放区的账本都交上来，小金库都交上来，干部统一调配。这样就形成了全国一盘棋。陈云借鉴上海的经验，反思出了这么几条，就形成了新中国的经济模式和经济体制。

所以陈云来上海打经济战，不光是解决上海的问题，还要以从上海取得的经验来指导全国。毛泽东觉得陈云这个人真能干，称赞陈云。后来我到陈云纪念馆一看，他有个绰号叫"共和国掌柜"。这就是陈云在1949年表现出来的经济方面的特殊才能，也表现出共产党能够战胜上海最精明、最狡猾的资产阶级。所以说共产党在上海对资产阶级一方面是团结，另一方面是统战。统战就是有统有战，不能是只统不战。当时为了维护上海的生产，为了上海能够发展起来，陈云在上海坐镇，提供了很多的政策，也提供了很多的扶助措施，就是为了让上海的工商业能够重新振兴，要让上海变成一只生金蛋的母鸡。

刚进上海的时候，顾准被任命为上海的财政局局长兼税务局局长，饶漱石就找顾准长谈了一次，让他到上海之后，一定要好好抓上海的税收和财政，要为新中国提供经费。顾准接管上海财政局，问国民党的时候是怎么纳税的，得到的回答是从工厂到烟杂店，都是在税务局填一张卡片，在这卡片上写工厂的规模大小、资金多少，每个月的利润是多少，然后国民党的财政局就按这个来算税。顾准一看，有7万多张纳税卡片，上海的钱真多，于是就继续按国民党的方法纳税。顾准认为中央下达的财经任务，轻而易举都能完成。陈云到了上海，一听顾准这么收税，严厉地批评了他，让他重新调查，重新登记卡片，去调查第一手的情况。顾准派了财经干部下去，走街串户地调查，核实纳税卡片的情况。结果7万多张卡片变成了13万张卡片，一下子多出那么多的纳税户来，可见国民党当年偷税漏税是多厉害。陈云还问顾准怎么收的税，回答说卡片上填的什么情况，就是什么情况。陈云说，不行，你得找群众评议，到棉纺厂问工人，厂子一年能生产多少东西，有多少产值，群众评议才能算数，资本家自己能说老实话吗？然后陈云就让顾准建立巡视和稽查制度，办好多税务所。稽查不断地向企业问，这个月情况怎么样，那个月情况怎么样，多挣多纳税，少挣少纳税，这是掌握实际情况。所以我们做了那么多团结资本家的工作，帮助上海恢复经济工作，终极目的就是要让上海产生财政税收，给新中国输血。顾准认识到自己的错误，赶紧补充新的财政办法，制定新的财政税率等等。从那时候开始，上海就变成了新中国一只生金蛋的母鸡。

老年人都知道，在"文化大革命"结束之前，上海每年向中央交的财政税收占全国GDP的30%～40%。但在"文革"结束的时候，上海房子那么挤，很多人住一间房，后来又开始票证供应。其实上海真的那么缺东西吗？有多少商品都是上海生产的呀。但是电视机也要票，自行车也要票，手表也要票，都是上海在勒紧自己的裤腰带为国家作贡献。中央为什么如此重视上海？就是因为上海在中国的经济地位是第一位的，举足轻重。

顾准当了财政局局长、税务局局长，也显示了他特殊的才能。我们知道上海有很多洋楼，这些洋楼都是外国人的地产。上海的发展是在20世纪初，当时最大的产业就是房地产。洋人在外滩纷纷盖起大楼，上海立刻变成了东方第一大都市。当时上海有两个房地产大亨，都是犹太人，一个叫哈同，一个叫沙逊。他们俩的模式就是买地。他们看准了一块地，认为这个地方是要升值的，便把这一大片地都买下来，然后盖楼，盖完楼之后出租给商户，他们坐收地租，大概十年之内就能收回成本，以后就是净赚。在他们两个人的炒作之下，南京路变成了第一条繁华大马路。沙逊就在外滩盖起了沙逊大厦，1926年落成，当时是全上海最豪华的大厦。沙逊当地主，把楼租给了华懋饭店，华懋饭店是纽约五星级的品牌，在上海开了一家后，各路的富豪富商、国际名人都入住这个华懋饭店。沙逊于是又盖了茂名公寓、河滨大楼等等。中国人一看外国人这么好挣钱，便也投资房地产。上海的四大公司——永安公司、大新公司、新新公司、先施公司，都是中国商人投资的。国民党政府要投资盖一个中国银行，就在沙逊大厦旁边。外滩不是洋人地产吗？我们怎么在这里有地皮呢？这块地方原来是个矮楼，叫德国总会，第一次世界大战结束之后德国的房产都归中国政府了，于是德国总会就变成了中国的地产。中国要盖中国银行大楼，设计34层，比国际饭店还高，要盖成远东第一楼。沙逊不干了，说你不能压了我的风水，于是向工部局提出控诉，结果工部局是按照治外法权处理的，说沙逊胜诉，于是中国银行的楼层高度一下被削掉了三分之一，最后比沙逊大厦低20厘米。这是中国人的屈辱。

到上海解放了，共产党进来了，这些洋楼我们通通认为是帝国主义特权的产物，要怎么收回它们呢？毛泽东说，我们打扫干净屋子再请客。我们跟外国还要做生意，所以不能抢夺，得有合法的办法。顾准作为税务局局长，就想合法的办法，他把租界房地产的档案搬出来，看到洋人在上海的土地法规和房产法规是非常严密的。因为上海房地产大发展，洋人制定了很多的法规，比如说地价按块论价，外滩地皮什么价钱，徐家汇的地皮什么价钱，分了90等，分得很细。然后大楼盖起来了，你要收地税，你还要收房产税，洋人早就开始收房产税，因为地税和房产税是租界最大的一份收入。洋人这么干，那我们也能这么干。于是顾准就制定了新上海的房地产政策，对洋人的房地产，我们要征收地税和房产税，而且税率比洋人定得还高，按月交，付不出就得交滞纳金罚款。这一下把沙逊给治惨了，华懋饭店原来是天天客满，共产党接收了上海之后，国民党把长江口封锁了，把沿岸也封锁了，国际贸易没有了，外国人也不来了，酒店一下都空了，天天门可罗雀，这些大厨、酒店的管理人员都没事干啊。没进钱怎么交税？于是沙逊他们就欠债，月月利上加利，最后沙逊终于熬不住了。1951年，他把资金全都撤到中国香港了，那么这些大楼就折价抵了债。顾准兵不血刃，收回了大量的外国房地产，把它们变成了中国的房地产——沙逊大厦变成了和平饭店，茂名公寓变成了锦江饭店。那么多的花园洋房，那么多的大楼，都是顾准收回来的，而且变成了上海市政府的财产。所以你看，我们的好多机关部门、出版社都在花园洋房里，那都是当年外国人的房产，后来都收回来了。

　　这些房地产陆续收回来了，最后一栋大楼是外滩的汇丰银行。汇丰银行真名叫香港和上海联合银行，是英国在海外殖民地最挣钱的一个单位。当年汇丰银行在中国香港地区开了以后，就年年给英国政府挣钱，英国政府一看中国内地市场那么大，于是在上海也开了一家汇丰银行。汇丰银行进了中国，一下就垄断了中国的金融市场，操控了中国的外汇牌价，也就是中国的外汇牌价看汇丰银行，然后汇丰银行还在全国各地投资修铁路、盖工厂、弄矿山。汇丰银行在民国时期那么发财，而到新中国成立后，中国人民银行掌权，外国银行禁止在中国从事投资活动，所以汇丰银行一下子没生意做了，月月不来钱还得交房产税，这哪亏空得起啊。熬到了1954年，汇丰银行终于挺不住了，把上海的汇丰银行撤了，回到香港去。当时由市政府出面，组了个空壳公司，叫大中华贸易公司，不以政府的名义，跟汇丰银行谈交易，你资不抵债，我买了你，我也不给你钱，正好抵债。于是就把这个大楼盘下来了。签约那天，汇丰银行的总裁非常痛心，因为他在中国工作几十年了，对这个银行有感情，现在这个大楼交给共产党了，他说得留点纪念，要把汇丰银行门口的铜狮子搬回英国去。不行，铜狮子都不许搬，铜是战略物资不许出口。那怎么处理这对铜狮子？汇丰银行搬走了以后，这座楼成了上海市人民政府。狮子是帝国主义的，哪能搁在门口啊？于是这对原装的铜狮子就搬到上海博物馆地下室去了，也不能展出。等到改革开放，外滩变成金融街了，香港汇丰银行要回来，还是要买这栋大楼，大家竞标，浦发银行来竞标，表面看起来是浦发比汇丰出钱高，于是就把楼给了浦发。浦发进入这个大楼后，把那对铜狮子原样复制了一对放在门口。共产党进入上海之后，用合理合法的政策，收回了大量外国房地产，使得上海人民真正感觉到扬眉吐气。我们终于摆脱了半殖民地的阴霾，终于挺起腰杆来了。

上海解放第一年，共产党在各条战线上都取得了很大的成绩，把旧上海改造成了一个新上海。蒋介石一看，上海还活着呢，于是命令国民党在舟山的空军轰炸上海。当时共产党没有空军，也没有防空能力，上海一共就是二十几门高射炮，这些高射炮都得防护军政机关和军事要地。这些大楼、企业就基本上没有能力防护了，就是在工厂的房顶上架一挺重机枪，所以国民党的飞机可以说是如入无人之境。蒋介石下令轰炸上海，国民党舟山的空军首先选择的要害目标就是杨树浦发电厂，准备1950年2月6日轰炸。2月5日，国民党一架飞机飞到上海市区撒传单，中英文对照，宣布第二天要轰炸，让上海市民不要出门，避免误伤。第二天中午，国民党空军11架飞机来了。老人告诉我，那飞机几乎就是从楼顶上飞过去，连飞行员的人影都能看见，就这么欺负人。到了杨树浦发电厂，飞机准确地投下了十几枚炸弹，把杨树浦发电厂炸了个一塌糊涂。结果上海的电力一下就损失了80%，南京路、淮海路十里洋场第一次灭灯，全城一片漆黑，电梯吊在空中下不来，抽水马桶用不了，因为水泵压不上水去。陈毅第二天就跑到杨树浦发电厂视察，号召工人们反封锁，反轰炸，说一定要尽快恢复电力。但是陈毅内心非常忧虑，我们有什么能力来恢复上海电力？我们有什么能力来防空？陈毅最后没办法，就给中央发了个紧急电报，说现在没办法了，只好把上海重要的企业搬迁，搬迁到内地，搬迁到国民党舟山空军飞不到的地方。

当时毛泽东和周恩来正在苏联和斯大林谈友好条约，北京是刘少奇看家。刘少奇一看电报也是忧心如焚，上海是全中国第一工业城市，可不能瘫痪。于是他紧急发电报给毛泽东、周恩来，请求向苏联求援。毛泽东、周恩来当时在苏联谈中苏友好条约，斯大林在国家利益上寸土不让，他要维持沙皇俄国在中国的特权。毛泽东为这事天天生闷气，最后斯大林终于考虑到中国也是一大盟国，要把中国惹翻了怎么对付美国呢。斯大林做了一些让步，于是毛泽东让周恩来上第一线，最后签订了《中苏友好同盟互助条约》。这个条约第一条是这么规定的："一旦缔约国任何一方受到日本或与日本同盟的国家之侵袭因而处于战争状态时，缔约国另一方即尽其全力给予军事及其他援助。"其实中国想解放台湾，得找苏联借空军、海军。条约刚签订没几天，上海就挨轰炸了，周恩来紧急找到苏方，斯大林也不能含糊，调苏联最强的防空部队莫斯科军区空军来支援上海。当时调了一个混合集团军，指挥官是巴基斯基空军中将。混成军里边有一个喷气式战斗机团、一个螺旋桨战斗机团、一个高炮团、一个雷达团、一个探照灯团，3 500多人秘密地来到中国上海。保密到什么程度？我看了半天档案，想找一张苏联空军在上海的照片都没找着。所以当时上海的老百姓不知道好几千苏联空军来了。陈毅知道这一消息后高兴极了，带领三个军的解放军连夜维修龙华、虹桥、大场、江湾机场，飞机跑道延长，铺上水泥，让喷气式飞机能起降。于是到了3月底，苏联空军秘密进驻上海，雷达、探照灯在浦东海边就位，上海的防空系统形成了。五月初的一天，一架国民党的螺旋桨飞机又飞到上海上空来了。这架飞机刚到浦东就被雷达锁定了，探照灯一起打开，苏联空军从机场起飞。国民党的飞机是螺旋桨飞机，飞行高度是5千米，飞行速度是每小时600千米；苏联的喷气式飞机飞行高度1万米，飞行速度是每小时1000千米，性能强一倍。于是三下两下就把国民党飞机打下来了，掉在浦东的地上变成一堆残骸。陈毅高兴极了，把这些残骸收集起来，让市民去参观，接着登报。国民党空军傻了，想去看看怎么回事，于是找了一个王牌飞行员驾了一架侦察机，在乌云密布的一天从舟山起飞，到了上海市区，突然从云里出来，低空飞行，一边飞一边拍照片。等他把拍的照片送回到舟山基地一冲洗，国民党将领一看，傻了眼了。虹桥机场上排着一排苏联的米格喷气式战斗机，于是赶紧向上级汇报。蒋介石痛苦地思考了半天，说把舟山部队全撤回来吧，全部回到台湾来。国民党从台湾用了100多艘轮船，把国民党陆海空三军12万人全都运回了台湾。国民党空军一跑，舟山的渔民就活了，摇着船就到宁波、上海来卖鱼，说国民党跑了，解放军可以去了。

解放军部队就乘着船上了舟山，然后舟山解放，上海的封锁终于宣告解除。这时候是 1950 年 5 月 20 日，从 1949 年 5 月到 1950 年 5 月，整整一年，共产党和解放军在上海进行了方方面面惊心动魄的斗争，终于取得了最后的胜利。

回顾上海这一年的斗争，可以说共产党在上海实现了一个重大的转型，就是由革命党转成了执政党，由战斗的解放军转型为能管理现代化大城市的专业干部。上海的转型和管理的成功，标志着中国共产党在管理新中国方面具有了初步的能力。为什么能做到这一点？我总结了这么几点。

第一，共产党和解放军是真正为人民服务的政党和军队。他们的宗旨是为人民服务，所以他们所做的一切都是为人民的。从进上海的第一天，解放军睡大街开始，上海人民就看到了共产党是一个新型的革命政党，所以上海人民被感动之后，真心地拥护共产党，和共产党站到了一起。原来在国民党统治的时候，你也不能说国民党那些公务员不专业，你也不能说国民党里百分之百都是坏人，但是老百姓就是骂政府，这就是失去民心了。共产党进上海之后，用一系列行动赢得了民心，上海老百姓是真正地拥护共产党了。所以共产党一声令下，老百姓一起响应，600 万人民和共产党站到了一起，所以共产党就能够无往不胜，制定的一切政策在上海都能得到落实。

第二，共产党是一个战斗力极强的强大组织。共产党所做的一切都是组织行为，是群体的行动，因此资本家的个体行为很难战胜共产党的举国之力。严密的组织，各级干部绝对服从命令，全心全意去完成各项任务，就使共产党变成了一个强大的政党。共产党在组织工作方面有着丰富的经验，也有着强大的战斗力。

第三，中国共产党和解放军非常善于学习，非常善于适应新情况，而且也有着强大的纠错机制。共产党进上海，接下来应该怎么样？政策应该怎么制定？全靠自己去摸索。但是共产党到上海之后，能够非常快地适应情况，管金融的就知道怎么管银行，管财政的就知道怎么管税收，很快就把情况掌握了。而且共产党不但能够适应情况，还能够用自己的新方法、新政策改变上海。比如城市改造政策，把旧上海变成一个新上海，这都是靠实践一步一步摸索出来的。在摸索的过程中，也难免犯错，在这个方面共产党表现得光明磊落。你看 1949 年、1950 年的《解放日报》，共产党所有的事都是公开的，首长的讲话、各种各样的法令都是在报纸上明明白白地告诉你。前几天说的话，后来证明错了，马上就改。1949 年 7 月的时候，上海的经济非常困难，养不了这么多的旧人员，于是当时上海市委想办法疏散人口，把上海多余的、没事干的人口全部送回老家，去从事农业生产，把一些旧的公职人员也给裁了。这就引起了许多留用人员的惶恐不安，导致了上海旧公务员队伍的不稳定。毛泽东看到了这个情况，马上命令陈毅立即停止裁人，要把他们全包下来，暂时没有工作上不了岗的，先让他们学习，得给他们发生活费，这样其余的人才能安定。于是报纸上马上发表领导讲话，说过去对旧人员的政策是有失误的，现在我们知错就改。纠错机制表现出共产党坦诚的工作作风。

这样方方面面的原因，使得共产党不但站住了脚，而且赢得了改造上海的胜利，实现了毛泽东在开国之后的那句话："我们不但善于破坏一个旧世界，我们还将善于建设一个新世界。"①今天我们回忆了上海解放第一年斗争的过程，我认为"战上海"是一种精神。改革开放到今天了，上海取得了这么大的成就，我们还有当年前辈那种奋斗的精神吗？我们还有他们那样勤勤恳恳的工作态度吗？当年，前辈们在进上海的时候那么困难，这种奋斗精神，值得我们后人学习和传承。所谓的不忘初心，就是要恢复当年那种传统，用这种精神来为人民服务，为国家和社会作出贡献。所以这些故事不是简单的故事，我们要从中回顾这些光荣的传统，教育我们后一代的青年，把这种光荣的传统实实在在地继承下去，为改革开放作出更大的贡献。

---

① 中共中央书记处研究室资料室.马克思主义经典作家论执政党[M].北京：红旗出版社，1984.

从丝绸之路到"一带一路"

葛剑雄　复旦大学教授

　　各位,我今天要讲一下丝绸之路与"一带一路"。自从"一带一路"的倡议提出以后,大家往往就把"一带一路"和历史上的丝绸之路等同起来,原因很简单,"一带一路"的全称就叫"丝绸之路经济带和 21 世纪海上丝绸之路"。所以无论"一带"还是"一路",它都有丝绸之路的概念,但究竟它跟丝绸之路有什么关系呢?是丝绸之路的重建、再造、延续?还是只是借用了丝绸之路这个概念,一次伟大的创举、创新?所以我们首先必须要弄清楚,现在我们讲的丝绸之路,它的历史事实,它对中国、对世界的作用,以及它所产生的特殊的历史地理背景,这样我们才可以做这个比较,才可以看出两者之间究竟是什么关系。

　　实际上我们今天讲的丝绸之路的概念不是我们中国自古以来就有的,也就是说,这条被称为丝绸之路的交通路线从出现到现在，2 000多年里面的大多数时间，中国人自己没有意识到有这条路，更没有认识到它的重要性。到了1877年，也就是太平天国运动平息以后，德国的地理学家李希霍芬到中国来考察，花了三年多的时间，回到德国以后完成了一部著作，在这里面，他提出他发现公元前2世纪就已经有了一条从中国的古都长安、洛阳通到中亚的撒马尔罕的贸易路线。因为这条路上运送的主要物资是丝绸，所以他把它命名为丝绸之路。那么他为什么把丝绸之路定在公元前2世纪开始呢？这是因为中国的《史记》里面记载了张骞通西域，我们中国方面强调张骞通西域是张骞打通了这条路，但张骞通西域不是为了经济交流，不是为了贸易，而是为了军事政策的需要。

张骞为什么要通西域呢？这是因为当时汉武帝要彻底打败匈奴。汉武帝了解到有两个部族，一个叫做月氏，一个叫做乌孙，他们聚居在祁连山的西段，后来在匈奴的打击压迫下，这两个部族迁移了。月氏迁到了今天的阿富汗、伊朗这一带，成了那里大夏的统治者。乌孙迁到了伊犁河流域，就是今天新疆的西面和哈萨克斯坦这一带。所以汉武帝想，如果他派人去，招引月氏和乌孙回到祁连山的西段，然后汉朝的军队从东面，月氏和乌孙从西面，两路夹攻匈奴，就可以彻底消灭匈奴。出于这样的目的，汉武帝才派张骞出使西域。张骞第一次出使很艰难，去的时候被扣了10年多，回来的时候被扣了1年多，前后花了大约13年时间，但是并没有达到目的。因为月氏人迁到大夏以后，地方大，统治的人多，生活条件好，他们不想回来了。但是这13年里面，张骞详细地了解了西域的情况，回来跟汉武帝做了报告。这样汉武帝才知道，西域不是一片蛮荒之地，而是有大大小小几十个国，有的是农耕的，有的是游牧的，有的是经商的，有的居无定所，有的已经定居而且有很发达的城市。西域的物产很多，比如天马，天马就是汗血马，这种马非但跑得快，而且出的汗是红的，像血一样。这个中原没有，这就引起了汉武帝强烈的兴趣。因为中国当时的皇帝有个感觉，他认为自己就应该是天下的主人。原来这些地方他为什么不感兴趣、不知道呢？因为那地方叫蛮荒之地，荒无人烟或者人很野蛮。现在听张骞一说这个地方这么好，他就有兴趣了。所以汉武帝第二次派张骞出使西域，除了继续想招引乌孙人回来以外，还有一个目的就是要把汉朝开拓到那里去。第一步是要招引这些小国派使者到长安来朝见他，来服从他。张骞第二次出使带了150个人，每个人准备两匹马，还带了大量的黄金和丝绸。那为什么带丝绸呢？这个跟张骞第一次出使西域积累的经验有关。首先他知道西域是没有丝绸的，可以以此作为礼物送给西域小国。其次是他知道像这样长途的跋涉，其他东西都不适合带，只有像丝绸这样本身价值高，但是分量比较轻，且经得起长途运输和长期储存的物资才最好，所以他就带了大批的丝绸。这一次出使虽然也没有达到吸引乌孙人回祁连山的目的，但是通过外交活动，也包括把这些黄金丝绸作为礼品赏赐给这些小国，还是吸引了一些使者跟着他回来了。这样一来，汉武帝当然更高兴，因为这么多的外国使者都来朝见他，都愿意服从汉朝。所以从张骞第二次出使以后，汉武帝每年派出使者前往西域，多的时候一年派十几批，大的使团好几百人，小的使团也上百个人，源源不断地把这些丝绸运到了西域。

那为什么中国这么重视张骞通西域呢？因为经过汉武帝派遣使者的活动，汉朝对西域产生了强大的吸引力，汉朝也认为保护这些使者也就加强了这些地方的防卫，所以到了公元前60年，也就是汉宣帝的时候，就正式在西域设立西域都护府。我们现在说新疆自古以来是中国的领土，根据是什么？从什么时候开始的？就是从公元前60年开始的。西域都护府管辖的地方不仅包括今天的新疆，还包括新疆境外，从巴尔喀什湖到帕米尔高原中间这么一大片地方，总计200多万平方千米。我完全可以这么说，要是没有张骞通西域，也许新疆今天不是中国的领土，或者至少要推迟好几百年才成为中国的领土。所以中国的历史重视张骞通西域，是从政治、军事、领土的角度考虑的。

那为什么这些丝绸到了西域后，汉朝和后来的唐朝还其实西域本身人口有限，经济也比较落后，是要不了那么多丝绸的。但问题是这些丝绸到了西域以后，都无偿地作为皇帝赏赐给他们的礼品。精明的商人马上发现了商机，因为从今天的新疆到中亚的这一段路，自然环境是比较差的，往往只有沙漠中间的一个绿洲或者草原上水草丰满的地方才可以生存。所以当地人要依靠农业、牧业致富，几乎没有可能。但是因为它处在东西方交通的要道上面，如果从事商业，一般可以获得高额利润。所以自古以来这一带的商业，特别是长途贩运业很发达。于是商人就把这些丝绸进一步贩运到了波斯，也就是今天伊朗这一带，然后进入了欧洲和北非，也就是今天历史上的罗马帝国。 丝绸一到罗马帝国以后，需求量是大得不得了。我们知道罗马帝国最强盛的时候，它的范围环绕地中海，欧洲的大部分以及两河流域的中东到整个北非全是罗马帝国的地方。据估计，当时罗马帝国的人口比汉朝还多，他们依托地中海周围的交通路线，经济发达，商业繁荣。罗马人从来没有见过精美的丝绸，所以丝绸在罗马帝国始终处在供不应求的地位，价格经常比黄金还贵。巨大的利润驱使着一批批商人不遗余力地维持着这条交通路线，甚至不惜以生命为代价。所以丝绸之路历史上主要的动力，不是来自中国内部，而是来自外部的强烈需求。这就是中国一直没有把丝绸之路当回事的原因。

一般认为丝绸之路是从中原到今天的敦煌，历史上从汉朝开始，敦煌以西就叫做西域了。丝绸之路有不同的路线，那么为什么分不同的路线呢？因为这一带的地理条件很复杂，往往不同的阶段、不同的季节会形成不同的路。这几条路最远的到达撒马尔罕以西，标准的丝绸之路就是指这一部分。当时命名的也是这一部分。它还有支线可以往南，往南就可以到今天的阿富汗、巴基斯坦、印度，最后可以到斯里兰卡。当年玄奘取经，基本上就是这样走的。那么这条路什么时候有的呢？我们之前有个误解，认为是中国人主动开辟了丝绸之路。经过这些年的了解，以及根据中央三部委发布的"一带一路"行动文件，可以得出这样的结论：丝绸之路是古代沿线各国、各民族人民共同创建的。这话比较实事求是，其实呢，这条路一开始也不是哪个人或者哪一批人有意识开辟的，它是人类早期迁移、交流活动的产物。丝绸之路出现的时间很早，比张骞通西域早得多。有什么证据呢？第一，在河南安阳曾经发现了商朝的一个叫妇好的王后的墓，这个墓里面有玉器，用的是和田的青玉。和田青玉产自什么地方呢？新疆和田地区的昆仑山里面。那妇好什么时候死的呢？3200多年前。可见从3200多年前就已经有了河西走廊到今天河南的这个路径，这就证明了当时已经有了这条路。第二，3000多年前甚至4000多年前，从中亚通向中国中原、黄河流域的路已经存在了。为什么呢？科学家研究发现，中国的小麦、黄牛、马、青铜都是从西亚和中亚传进来的。这个已经有确切的证据了。这些东西当然不会自己进来，要进来需要有人类活动，也就需要有交通路线，这条路线就和丝绸之路基本一致。第三，在新疆吐鲁番阿斯塔那（汉名"三堡"）的古墓中发现了欧洲白种人的尸体，也就证明欧洲的白种人在 3 000 多年前，已经到了新疆的东面，他既然已经到了新疆的东面，怎么不能再往里走呢？因此这条路也是存在的。但是为什么中国人自己反而不重视呢？有一个很重要的原因就是这一带的地理环境和生存条件比起黄河中下游地区差且西域一带的民族和宗教与中原也不同。所以尽管汉朝在公元前 60 年已经控制了西域，但是中原的大多数人还是把那里当做一个不适合定居，或者是跟我们的人文条件都不同的地方。有两句唐诗可以说明，第一句是"春风不度玉门关"。玉门关就是今天敦煌的西面，现在还有遗址。唐朝的诗人认为，玉门关以西，春风都吹不到，没有春天。第二句是"西出阳关无故人"。出了阳关，老朋友都找不到了，阳关也是在敦煌西面。所以中国古代认为这一带尽管是自己的领土，但是并不重视，人们也不愿意去。诗人也好，官员也好，将士也好，都是在那里轮流待几年就赶快回来了，没有什么人会选择在那里定居。所以这条路还是后来李希霍芬发现的。

古代中国向来认为自己是天朝大国无所不有，在农耕文明时期，中国的黄河流域和后来的长江流域，可以生产足够的物资来供养自己的人口。所以时间长了，古代的中国人对外界非但没有需求，还缺乏了解外界的兴趣和动力。我们可以对比一下看，近代那些首先探险开拓殖民地的国家，往往国小民穷，国内缺乏资源，市场狭窄。荷兰、西班牙、葡萄牙、英国都是这个类型。当年哥伦布为什么要冒险去寻找新大陆呢？主要原因是自己所在的地方不够好，要先到别处去看看。葡萄牙平原少，山地多，气候条件也不好，没有什么出产。荷兰大多数地方都是填海出来的，可以说没有任何资源，如果要往欧洲发展，欧洲的俄罗斯帝国、奥匈帝国、法国都比它强大，大陆已经没有它的地方，所以就往海外探索扩张。而中国从来没有这种需求。即使是中国历史上人口最多的地方，其实也还有很多土地没有得到开发。北方开发完了，还有南方。平原开发完了，还有丘陵山区。所以中国就缺少这样的海外探索的动力。

习近平总书记在北京的"一带一路"论坛上讲到古代的交往，他提到三个旅行家，一个是唐朝的杜环，一个是知名度最高的马可·波罗，再一个是阿拉伯人伊本·白图泰。后面的两个人都不止一次到过中国，而且两人都写过游记，记录他们在中国的经历。杜环曾经在阿拉伯巴格达周围生活了12年，后来坐船回到广州。但是大家知道别人是主动的，他是被动的，是偶然的。公元751年，杜环作为军队的文书跟随唐朝的将领高仙芝出征作战，一直打到今天的哈萨克斯坦，在那里突然遭遇了阿拉伯阿巴斯王朝军队的袭击，结果几乎全军覆没，只有少量人逃回来，剩下的不是战死，就是被俘。杜环是被俘虏到巴格达的。一方面是因为他有文化，另一方面是因为阿拉伯人在这一批俘虏里面发现了一批造纸的工匠，他们就靠这批工匠学会了造纸并且将这一技术带到欧洲，彻底取代了古埃及留下来的莎草纸，这是人类文化交流史上非常有意义的一件事。所以阿拉伯人也优待像杜环这样的俘虏，他也因此可以在阿拉伯巴格达其他地方旅行，然后又坐着阿拉伯的船回到了中国。正好杜环的堂叔杜佑是唐朝的丞相，正在编一部文献，他把杜环写的一篇文章《经行记》也收录在了里面，所以我们今天在杜佑编写的《通典》里面就可以看到这篇文章，这是中国历史上第一次直接地、正面地记录阿拉伯以及伊斯兰教。所以从客观的角度讲，杜环的确是一个大旅行家。但是从主观上，他是被俘虏过的，这个无法和其他人主动到中国来旅游考察相比。所以并不是说中国古代没有杰出的探险家，是因为在这样大的背景下面，中国人缺少对外扩展或者了解外界的兴趣和动力。

还有一个情况可能大家不太注意，中国历来没有正常的外贸的概念。今天我们觉得外贸是互通有无、出口进口的正常情况，但是你如果设身处地站在中国古代统治者的立场上想一想，第一，我们天朝无所不有，没有必要进行对外贸易，再加上传统的以儒家为主的文化讲究过节俭的生活，不要去追求这种奢侈品，于是对外就没有需求了。应该说在农业社会，中国不需要这些东西。第二，假如我需要我统治范围以外的地方的东西，普天之下，莫非王土，这本来就是我的，只是你们还不配让我统治而已，那我需要的话，你们应该主动贡献上来。如果我收你们的东西，这是给你们面子，当时帝王是这样的观念。不要说是汉武帝、唐玄宗，就是到公元 1793 年，乾隆皇帝在答复英国使者马戛尔尼的时候，还让他带了一份诏书给英国国王，上面是这样讲的，我们天朝富有四海，万国来朝，我不稀罕这些东西。蒙你这样忠诚，不远万里给我贡献了这些东西，我就指使有关部门收下了，今后可不需要你办这些了。人家其实想的是扩大贸易，给他的礼品都是英国当时最新的产品。而乾隆皇帝居然到了 1793 年还认为他是接受万国来朝的，所以古代中国是没有外贸观念的。外国人把货运进来，皇帝都看成你是来效忠、来朝贡的。我可以要你回去，不要你的朝贡，批准你朝贡，你才可以来。那么为什么人家还拼命来呢？其实一些小国知道中国称此为朝贡，不得不接受这个概念，以换得利益，维持商业。到了明朝、清朝的时候，朝贡金非常高，一开始朱元璋不许任何人朝贡，说日本这样的倭寇杀了我们的人还跟反抗我们的势力勾结。日本人说没有，说日本国内也在打他们，这是强盗，跟我们没关系，要求来朝贡。当时规定三年一贡，五年一贡，但日本要求每年都来，于是就限制人数，但日本要求扩大规模。为什么日本强烈要求来朝贡呢？第一，因为只要是合法的朝贡，这些人无论来了多少，一上岸一入中国境，吃喝全包，如果碰到国家有什么庆典还会盛情招待他们。第二，他们带来的这些商品只要承认是贡品，我们马上会赏赐他们。赏赐给他们无论是钱还是物，都远远超过这些商品的市价，甚至好多倍。第三，无论带多少东西回去一律免税，何乐而不为呢？

古代中国在这样的朝贡体系下，不仅正常的贸易受到限制，还付出了更大的代价来维持天朝的体面。比如郑和下西洋，他到了今天印度尼西亚这一带，那里有很多胡椒，但是不能买，而是要启发当地人朝贡，人家进贡了之后要给他赏赐，赏赐的价钱是正常价格的 10 倍甚至 20 倍。但是如果郑和买了胡椒回来，怎么交差呢？皇帝会说天朝还需要买东西吗？但是如果你说是人家主动朝贡的，天朝赏赐了他们钱，这就是天朝的气派。

大家可能会说，中国的皇帝这样，官员这样，那么难道中国商人自己就不会做买卖吗？也不行。首先一个原因是中国的商人的地位是一直很低的，商业是不受到重视的，根据传统文化，国家以农为本。农是本，手工业跟商业是末。比较起来，商人和商业是末中之末。1949年以后，我们还是工农商学兵，商业排在工农的后面，当时商已经不仅代表资本家，服务行业也称为商。到了"文化大革命"时期，还觉得商业地位太高，于是变成工农兵学商，商业排到最后去了。古代士农工商，商一直是排在最后，所以商人本身的社会地位是很低的。再一个是陆上的边界历来是严密控制的，中国的老百姓非但不能出境，就连边疆地区都不能随便去。我们不久前发现了一些从汉代留下来的汉简，上面写了一户人家户主的姓名、年龄、身高、肤色、样貌特征，还要登记家住在哪个郡、哪个县、某某里，男的女的，老老少少，都在上面。这个东西是用来干什么的呢？这个简过关要检查，有的时候回来还要检查，所以边疆地区是去不了的，商人还怎样去做外贸呢？不可能的。连当年玄奘取经到了甘肃的瓜州，前面就是边境，他也没有合法的批文，所以只好偷渡，差一点被箭射死，后来被抓住。幸亏边防长官是信佛的，就把他放走了。所以他回来的时候在新疆就不敢再进来，因为他是偷渡出去的，所以他派人送信向唐太宗认错，说明情况，得到唐太宗的批准才回去。陆路是这样的。那么海上呢？更麻烦。宋朝的时候北方是契丹人，后来宋金对峙，为了发展经济，互通有无，老百姓可以在沿海地区进行贸易。但是严格规定不许到日本，不许到高丽，就只可以在国内。元朝开放过很短一段时间的海外贸易。元朝的西面是蒙古人建的四大汗国，所以元朝的时候对外还比较宽松，有一段时间是允许商人出海到外国去贸易的，而且政府一度可以贷款给他们，然后获得的利息双方分成，但是持续的时间很短。

到了明朝和清朝，这个禁令就更严了。朱元璋因为海外有敌对势力，一方面加强海防，另一方面下了严格禁令，地方官严格执行，片板不能下海，所以这样还怎么去贸易呢？清朝初年，郑成功还在台湾忠于明朝，为了切断郑成功与内地的联系，清朝下令清海。照理说郑成功在台湾，把福建和江南清了就够了，居然下令从辽东一直到广东，所有沿海都必须腾出 20~50 千米的无人区来。你看这个损失多大呀？还谈什么贸易呢？农田都荒废了。地方官为了表示自己遵守圣旨，所以很少有人只腾 20 千米，一般都是腾 50 千米，连宁波这些地方都往里迁。我们知道清朝曾经有沙船行业，我们以为这是海外贸易，但其实不是，这些船只能在沿海地区活动。

那么有没有真正到海外去的呢？有的，通过走私。比如到了明朝中期，一方面因为福建当时人口已经不少，再加上多山少地，所以福建人的生存条件很差，一些人就要去经商，因为这个时候如果是跟外国进行贸易，利润是国内的好几倍；另一方面，西班牙人、葡萄牙人、荷兰人已经到了台湾，到了澳门，就到家门口了，跟他们进行贸易很方便。另外，这些国内的货物如果通过外贸卖给他们或者卖给日本和朝鲜，那么价格比内销要高得多。再一个原因是，到了明朝中期以后，中国的白银越来越少，银价飞涨，因为中国本来银矿就不多，开得又早，到了明朝已经很难找到有开采价值的大一点的银矿，而且中国人拿了银子并不都是为了流通的，相当一部分是埋在地下藏起来的，或者放在家里的，或者做首饰，所以市面上的白银越来越少，价格也越来越高，影响到了商业。但是西班牙、葡萄牙等国已经掌握了新大陆的银矿，墨西哥那一块有很多银矿，所以中国的商人就希望在外贸中得到他们的银子。但是政府禁止，于是福建的商人就走私。走私的话，地方官是支持的，因为地方官的奖金都靠他们发，所以就睁一只眼闭一只眼。但是中央政府要镇压，那么这些商人就会武装走私，自己力量不够，就出钱雇日本人，这就形成了历史上所谓的倭寇。在这样的情况下，大部分正常的中国商人怎么能够参加到国际贸易中？不可能的。所以历史有时会给人一种错觉，比如说上海青龙港的考古证明青龙港在唐朝是一个繁荣的港口，但是有没有发现上海当时的船从青龙港出去外贸啊？没有。我可以负责任地说，现有的史料证明，这些船都是外面来的，唐朝人自己是不出去的，而且其中有的船说是来朝贡的，但其实人家就是来做买卖的。所以，尽管这条丝绸之路的确在世界经济贸易交流中起到了很大的作用，但是中国人从来没有主动去利用它，也很少从丝路的贸易中获得多少利润。

这已经讲到海上的丝绸之路了，那么中国的航海业是不是一直不发达？并不是这样。《汉书》记载，在公元初，西汉末年，汉朝官方的船不仅到了南海，还穿过了马六甲海峡，穿过印度洋到了斯里兰卡。而且史料里记载，当时汉朝有专门的翻译官，相当于今天的外交部翻译室，那就说明翻译是比较经常性的活动了。但是为什么东汉以后反而就没有了呢？至少官方不组织了呢？原因就是，到了那里并没有发现中国特别需要的东西，而运输成本又非常高。那里有粮食，但是粮食我们自己有；有珍珠，但广西也产珍珠，还有玳瑁这些东西，中国的沿海都有。而且这些并不是生活必需品，况且还要花那么大的精力。当时航海需要花费几个月，那个时候船是没有动力的，要等风，比如到琉球去的船，如果是今年秋冬季节过去，要等到明年夏天，春末夏初风向转了才能够回来。而且当时西汉末年为什么要到那么远的地方去呢？因为当时在政的王莽想宣扬自己的威望，派人到那里去让当地贡献一些中国没有的东西，以此来显示自己对万国都有影响，结果却只从那里抓了一只犀牛回来。这种事情劳民伤财，当然不可能持续。所以不要以为中国面对着大海，航海就一定发达，航海是有目的的。所以比较下来，西方的哥伦布、麦哲伦等都有明确的目标，中国没有这个需求。

既然这样，为什么还有海上丝绸之路？这与安史之乱有很大关系。公元 755 年，安史之乱爆发，其实早在安史之乱以前，唐朝已经开始在西域退却了。公元 751 年，高仙芝在那里打了败仗。到了 755 年，安史之乱在今天的北京爆发，唐朝调集军队从西面和南面围堵叛军，跟他们对抗。这样一来西域防卫就空虚了，今天藏族的祖先吐蕃人就去扩张，所以今天新疆的大部分、青海、甘肃河西走廊，一直到陕西边上，都被吐蕃人给侵占了。战乱发生，陆上丝绸之路就断了。阿拉伯人当然要维持贸易往来，陆路走不通就走海上，所以他们就利用他们本来就发达的航海技术，穿过马六甲海峡，到广州、泉州、宁波、扬州、登州等地进行沿海贸易。海上贸易开通后，阿拉伯人发现，海路比陆路方便得多，我们今天的海运也是最便宜的，但是今天海运比陆路要慢，那个时候海运有的时候比陆路还快，而且海运的船运输量大，所以瓷器带出去都是几万件、一二十万件，什么东西都可以带。而且阿拉伯人还发现了新的商机。原来他们的船在底下都要放上石料，或者倒上一层水，因为当时是木船，重心不稳，放上重物后就能保持船在海上面不翻。到了中国后他们发现，市面上有很多瓷器，就把中国的瓷器买来放到船底压舱，成本等于是零。所以沉船上为什么会有那么多瓷器，就是这个原因。

唐朝后期，经济重心南移，南方经济越来越发达，特别是能够出口的瓷器、茶叶、丝绸、日用品的主要产地已经到了南方，比如当时唐朝后期瓷器的主要产地是福建，宋朝转移到江西，都在南面。这样利用海运就近出海，马上就能运走，原来在陆上，瓷器是没法出口的，一匹马一头骆驼能够带多少？说不定在路上就砸碎了，包装还困难，在海上多方便。所以，尽管此后战乱平息，陆上的丝绸之路却再也没有恢复。因此，今天外国学者讲的丝绸之路是广义的，并不是特指那条长安、洛阳到撒马尔罕的路线，他们所讲的丝绸之路，往往指的是今天的中国与西亚之间的交流。海上交通路线开通以后，也有利于中亚、西亚的物资出口到中国来，其中一个很重要的物资就是青金石。青金石是含有金属钴的一种矿物，主要产于伊朗和阿富汗。尽管唐朝已经有少量的进口，但是因为陆路交通的限制，青金石的进口量是有限的。青金石是干什么的呢？青花瓷的青色所用的釉料，就是要靠青金石来生产，没有它，青花瓷生产不出来。今天有人说唐朝已经有青花瓷，有也是少数，因为没有办法大规模生产。而到了元朝，因为海上交通方便，阿拉伯地区的船就把大批的青金石运到了中国，所以可以大规模地生产高质量的青花瓷。青花瓷深受阿拉伯、伊斯兰文化喜爱，所以中国当时生产的青花瓷主要是用于出口。虽然元青花"鬼谷子下山"是中国的文物，但上面的纹饰已经不是中国传统的风格，而是阿拉伯和伊斯兰风格的。而今天世界上收藏青花瓷艺术品最多的博物馆，一个是伊斯坦布尔皇宫的博物馆，一个就是伊朗的波斯博物馆。这就是海上丝绸之路开通以后的作用，它的影响远远超过了陆上。所以以后全世界主要的外贸就转移到了海上，再也没有人在中国内地把丝绸沿着李希霍芬认定的这条丝绸之路送往其他国家了。

　　唐朝后期，广州已经形成番坊，用今天的话讲也就是国际社区。据估计，当时广州城里的外国商人和他们的家人以及相关的服务人员加在一起超过 10 万，比今天广州的非洲人的比例要高得多。泉州从唐朝后期直到南宋，是一个繁荣的城市，甚至被认为是最富有阿拉伯风情的城市，我们今天到泉州还可以找到当年清真寺的遗迹，还能看到公共墓地的遗迹，还有留下来的碑刻，有的墓碑上面就是阿拉伯文。据日本人考证南宋的相关资料，泉州市舶司的长官，也就相当于今天的海关关长和外贸局局长，叫蒲寿庚，他本人就是阿拉伯人。正因为这样，中国历来更没有海上丝绸之路的概念，甚至等到李希霍芬提出丝绸之路的概念以后，也没有人想到还可以有海上丝绸之路。后来还是日本人首先提出了海上丝绸之路的概念，得到了大家的认同。

那么我们怎么来看郑和下西洋呢？郑和下西洋当然是中国历史上的一次壮举，可以说前无古人，后无来者，而且人类历史上这样大规模的航海，恐怕也是少有的——连续7次，最远到了东非肯尼亚的蒙巴萨港附近。这么大的规模，六七十艘大船，最大的船据说超过100米长，据估计载重量可达万吨，出动2万多人，但是为什么郑和下西洋长期没人注意呢？为什么到现在很多问题我们都没办法研究呢？所以很多人不服气，哥伦布航海的时间比郑和要晚，而且就那么两艘船，怎么跟郑和比？但是不能否认哥伦布航海的确在一定程度上改变了历史，而郑和下西洋却连中国人都不知道是出于什么目的。前面讲到汉朝的时候我们的船已经到了斯里兰卡，目的并不是为了探索和发展。而郑和是出于什么目的呢？一开始的说法是他要寻找建文帝的下落，后来有学者说，他是为了联络西亚，对付蒙古人，还有的说他是为了宣扬国威。这些都不太解释得通。我这几年一直在思考这个问题，现在我认为他的目的是为了加强永乐皇帝政权的合法性，所以才舍得下这么大的功夫。

这个背景简单说一下。明朝的开国皇帝朱元璋死的时候，他的大儿子，也就是太子朱标已经先死了，朱元璋就把帝位传给朱标的儿子，也就是他的孙子朱允炆。朱允炆做了皇帝，年号是建文，所以历史上叫他建文帝。但是朱元璋有二十几个长大成人的儿子，其中第四个儿子燕王朱棣最厉害，因为他手握重兵，驻守在北平，也就是今天的北京。本来这支军队交给他是为了让他对付元朝的残余势力，保卫边疆，但是他不服侄儿做了皇帝，就发动了武装叛乱。打了三年多仗，最后打进南京城，也就是当时的首都，建文帝自焚而死。但是大家知道这是公开的军事叛乱，推翻了合法的皇帝，那你怎么证明你是合法的？编故事都编不出来。所以朱棣就把建文帝原来手下的大臣抓起来，其中方孝孺最厉害，他会写文章，影响大。朱棣提出让他起草一份诏书，就是通过诏书伪造事实，或者证明他是合法的继承人。方孝孺不愿意，于是朱棣就把他杀了，把他的九族包括学生、老师、朋友都算一族，总共800多人全部杀了。他派人去收缴那些民间的污蔑历代帝王的作品，目的就是为伪造事实做准备。接着便篡改他父亲的历史，因为以前皇帝死了，要为他修一部实录。他改了三次，现在已经有研究证实，无非是改成朱元璋生前最喜欢他，原来曾经想过把帝位传给他。但是还是不行，因为这部实录要放在档案馆里面，一般人是看不到的，只能给后人看。那怎么平息天下人在他背后的议论，让人们承认他的合法性呢？经高人指点，于是就有了郑和下西洋。那么大家会问这和他的政权有什么关系呢？郑和下西洋标准的动作是每到一个国家或者一个地区，就要放礼炮吸引大家注意，然后召集当地的首领和民众，打开诏书宣布大明皇帝现在登基，你们可以来朝贡。如果态度好，当场就拿出金银财宝、丝绸之类赏赐。如果你们派使者来跟我们回去，那么肯定给你的赏赐更多。所以郑和第一次去就把这些人带来了，让他们在福建登陆，沿途热烈欢迎，一路上造成了很大的影响。老百姓感叹有这么多国家前来朝贡，而且有的人从来没有见过，这个皇帝肯定是真龙天子。比如说当时的苏禄国国王亲自带上皇后、家人及臣子50个人浩浩荡荡来朝贡了。你看这个宣传多好呀。其中两个国王，一个国王回去的时候，在山东德州死了，于是就给他做了一个大的墓，专门派人去祭扫，而且找了一批人世世代代为他守灵。这个宣传的效果有多大？以后有人走过德州，都会说这个国王以前来过，到现在我们都把他作为外国与明朝友好交往的象征，这个墓现在还是文物。还有一个国王的墓修在了南京。

那么陆上丝绸之路和海上丝绸之路是不是跟今天的我们一点关系都没有呢？它们到底跟"一带一路"有什么区别和联系呢？第一，我想我们今天的"一带一路"只是借用了丝绸之路这个名称，它不是丝绸之路的重现或者延续，也不是要再建一条像历史上一样的丝绸之路。大家知道世界上很多路，它的命名都是根据它主要的物流或者人流，李希霍芬当时称它为丝绸之路，而且只是公元前 2 世纪以后的几百年里面，这条路叫丝绸之路。实际上，世界上还有象牙之路、黄金之路、茶叶之路、香料之路、陶瓷之路。比如从西藏出去的一条路叫"麝香之路"，非洲有一条路被命名为"奴隶之路"，法国和西班牙之间有一条路被命名为"朝圣之路"，因此不是只有丝绸之路这一条。难道我们今天的"一带一路"还只是运输丝绸吗？这只是借它的名。我们今天所提出的"一带一路"与出于政治目的的张骞通西域、郑和下西洋不同，我们的具体目的是全面的开放，与国外开展友好合作。同时我们也不会像西方的殖民主义者那样，通过在海外的殖民，去掠夺剥削其他国家。所以请大家注意，"一带一路"是前无古人的创新，不是重复历史。关键在于我们怎么去创新。

第二，历史上的丝绸之路谁主动？人家主动。主要利益是谁的？也是别人的。那么我们今天的"一带一路"是谁主动？当然是我们了。习近平主席在哈萨克斯坦，在印度尼西亚，先提出这样一个倡议，然后国内开始推动，包括在北京主办"一带一路"的论坛，而且宣布今后每两年开一次。我们还跑到海外去举办各种论坛。这次完全是我们主动，这跟历史上是不同的。那怎么使对方能够响应合作呢？今天的情况跟历史上不同了，今天这个世界，哪怕是个小国、穷国，它也不可能像历史上那样谁国力强，或者谁经济实力强，就听谁的，甚至也不愿接受不平等的援助，如果接受，那还有其他人，其他国家呢？所以今天我们要使对方响应合作，就要像习近平总书记一再强调的那样，要做到互通互利，这个"通"最后要达到人心相通。所以我们的"一带一路"一定要考虑双赢，现在看来比较成功的项目就是双方都得了好处。比如中国跟土库曼斯坦合作，它是世界上最大的天然气产地之一。但是你要叫它自己出钱、出技术铺一个管道，是做不到的，但是没有这个管道，它有气出不去，那么我们与其合作就是由我们投资，我们来建这个管道，建成之后通过买它的气让它收回这些成本，还我们的贷款。中国很多地方电改煤还来不及推行，天然气资源紧张，通过我们建造的管道，土库曼斯坦的天然气得以运输过来，由此实现了双赢。哈萨克斯坦等都是这样，它们现在经济发展得很快，很大一部分原因就是靠与中国的合作，这是双赢。

经过这几年的发展，"一带一路"的目标已经很清楚了，"一带一路"并不是权宜之计，而是我们未来发展的一个重要政策。但是习近平总书记对外再三强调，我们提出的是倡议，媒体一开始会说这是我们伟大的战略，这样把人家当成了什么？所以现在习近平总书记也是讲中国提出的是倡议，倡议就是你愿意做很好，你不愿意做，我们不会勉强你，这是完全自愿的。那么怎么使其他国家自愿呢？实现双赢才能够让人家自愿。所以有人问"一带一路"是什么？我说这是中国全面的对外开放，全面的发展，推动经济的全球化，为世界提供更多的机会，这就是"一带一路"。所以它跟历史上的丝绸之路有没有关系？有关系最好，增加一点大家的兴趣，增加一点润滑剂，没有关系也没有大碍，完全可以创新。就像今天的上海跟历史上的上海有什么关系呢？上海洋山港第四期全自动码头跟历史上的港口有什么关系呢？上海今天建成世界上最大的集装箱吞吐量码头好几年了，这跟历史有关系吗？没有关系。所以我们一定要明白，今天"一带一路"的近期目标和现实目标就是跟对方形成利益共同体。形成利益共同体就成功了，形不成就无法成功。

如果说眼前"一带一路"的目标是要建设利益共同体，那么长远目标是什么呢？十九大说得很明白，我们要建立命运共同体。关于这个提法的意义，我自己还要继续学习领会，从我自己的认识来看，我认为这的确是非常伟大的，具有开放性的，我们从小接受的教育是要实现共产主义，要解放全人类。今天的世界上有不同的文明、不同的文化、不同的意识形态，而我们提出的命运共同体是包容的，是开放的，我们的共同命运不一定建立在完全一致的意识形态或者共同的思想观念上，另外命运共同体是逐渐形成的，往这方面努力，就可以团结世界上绝大多数的国家和民族，大家向着这样的目标前进。

我们通过"一带一路"的建设，构建人类命运共同体，这就是我所理解的"一带一路"前无古人的伟大创举的意义。所以通过前面与历史上的丝绸之路比较，就可以明白"一带一路"绝不是简单的重建丝绸之路。那历史上的丝绸之路是不是没有意义？不是这个意思。任何历史上长期起作用的，无论是一项制度还是具体的事物，都有它的历史意义，但是我们要正确地理解，既不要妄自菲薄，也不要随意夸张。对于丝绸之路，很多人并不是基于它的历史去了解，而是出于自己丰富的想象，这一点我是不赞成的。但是丝绸之路还有很多值得我们研究的地方，这中间既有经验，也有教训，但这都不应该影响我们正确地认识和理解"一带一路"。

下 篇

继往开来

世界看中国　中国看世界

曹景行　资深媒体人

中国今天已经在日益走近世界舞台中央，但是今天这个世界舞台到底是怎样一个舞台？

我曾去过秘鲁著名景点马丘比丘附近的城市库斯科，库斯科是原来印加帝国的首都，是一个有很多著名文化遗产的美丽城市。那里机场正中央的广告是华为手机的，占了最好的位置。我也问了当地的朋友，她用的就是华为，是比较旧的，她儿子用的是比较新的型号。她说华为的价格和使用舒适度都很合适。讲到手机，中国的移动通信是世界联网的，出国也能联网。我曾到过南美洲很多国家，有的国家很小，但所有的国家全部能够用中国移动上网，而且网速不慢，这和当地的设备有关系，而当地的设备又是怎么来的？包括像危地马拉共和国这样没有和中华人民共和国建交的国家，为什么也能够联网？这里面有一个很简单的道理，全世界发送 4G 信号的基站，中国就占了一半以上，这就是中国为什么现在到处都有 4G 信号的原因。而在世界上的其他地方，很多这种基站也是中国造的。有一种说法是，德国前几年网很差，德国人在地铁上就都看书。但是今天再去德国、法国、美国看看，那里的人照样跟我们一样，都在刷手机，什么道理？以德国为例，在德国我听说一个数字，中国帮德国建了 7 000 个 4G 的基站，所以现在到德国去，不需要连机场 Wi-Fi，我们直接拿出手机就能上网。从这点就看得出，中国的移动通信实实在在地已经走到了世界的前列，而且可以说是几乎覆盖了全世界。

另一个值得关注的点是，中国人正在走向世界舞台中央。因为我一直在外面跑，就明显感受到中国游客在世界各地真的很多。旅游是一个很重要的迹象，经济好了才可能日子过得好，衣食无忧了才有可能去旅游。我去泰国清迈时，导游跟我说，这几年他们中文导游的地位和收入已经比原来排第一位的英文导游要高了，现在英文导游恨不得学中文。泰国政府很希望多培养一些会中泰两国语言的中国人，为他们提供服务。同样他们也希望中国派更多教中文的老师去培养当地人。而且中国游客的消费重心也有所转移，原来中国人可能比较多的是去买去吃，现在更多是去运动、潜水。中国人在世界各地的马拉松比赛中的积极参与，同样反映了一种走向世界舞台中央的全新姿态。

还有一些挺意外的事情，比如以前我们曾引入了很多外文的书、电影等，但近几年突然发现，在国外，尤其是第三世界国家，中国的一些电视剧很受欢迎。非洲的坦桑尼亚人特别喜欢中国的电视剧，中国的电视剧翻译成斯瓦西里语以后，他们听了很亲切，看得非常来劲。还有一点是意料之外的，我们的网络文学成为世界上一大热点，现在中国的一些网络作家的作品，刚一推出马上就有人翻译成不同的文字在其他国家的网上传播，所以现在有人说中国的网络文学已经可以和日本的动漫、韩国的偶像剧以及好莱坞的大片，同时成为当代世界四大流行文化。

十九大报告让人非常安心的是，我们的对外决策并没有受到影响，中国未来20年需要一个和平发展的环境，我们还处于社会主义初级阶段，处于这样的阶段，需要的是和平发展的环境，而和平发展的环境怎么取得？在我看来就要处理好与美国等大国的关系。

实现中国梦离不开和平的国际环境、稳定的国际秩序。这也可以说是改革开放以来我们的一个很重要的原则。而如果能处理好与其他大国的关系，并且有20年的战略机遇期，就更好了。事实上，美国当下的国内形势也并不明朗，从2016年的美国大选即可看出美国社会当下的问题。2016年的美国大选，此前没有从政经验的特朗普能够成功当选，这反映出美国本身社会的分裂，分裂的背景就是美国的衰落，有一半人感觉到自己是受美国当政者政策的拖累，所以要改变它，任何人都可以当选，于是才有了这样的大选结果。特朗普上台后，美国的社会发展问题仍旧未得到解决，经济衰退、枪支泛滥导致的社会不安全问题、种族间的矛盾与歧视问题、社会医疗等福利问题、失业问题……各种冲突频发，社会矛盾也日益激化，以目前的情况，这一状态很难在短时间内好转。而美国对华政策在特朗普上台后几经变化，因而中美关系的发展将走向何方也尚不确定，在这种情况下，对特朗普来说，跟中国保持一个稳定的关系，有百利而无一害，只有跟中国保持良好合作关系，才能稳住美国的经济社会。而对于中国来说，如果能够争取一个和平稳定的外部环境，按现在这样发展下去，并且通过自己进一步的改革，把事情做得更好，我们才能抓住机会，保持发展势头。

除美国以外，世界上其他国家也各有各的问题，南欧国家居高不下的失业率、英国脱欧后面临的社会秩序混乱、德国前段时间出现的移民安置问题、很多第三世界国家的贫穷和治安问题……相对而言，中国的总体经济、社会都处于一个稳定的环境中，并且在不断发展，所以现在我会有这个感觉，人家会羡慕中国。当然现在外国真正了解中国的不多，但是至少讲起中国来都觉得中国厉害。在国外的一些港口、城市，made in China 的商品很多。当然现在其他国家的制造业也在发展，但这些国家要取代中国，从目前来看还不太可能。比如，越南体量不够，印尼虽人口多但较难形成大的经济实体。这样一来，中国现在从发展的角度来说，各方面都真的是很不错。

但恰恰就在这个时候，我感到一种危机感。在未来 10 年或 20 年，中国到底会遇到来自世界的什么样的挑战？我觉得这倒不是某一个国家的问题，而是我们现在的世界正在发生巨大的变化。这个变化就是人工智能带来的。人工智能引导的工业 4.0 也好，第四次工业革命也好，其所带来的整个世界结构、社会结构的变化，改变的是我们的世界，包括经济力量的对比。比如日本，其经济上的发展部分受制于老龄化的人口和劳动力的减少，但是一旦在人工智能、机器人方面有所突破，日本将全面走向机器人化，也可能把我们又一次甩在后面。尽管中国现在某些领域走在世界前列，如互联网支付，但之所以领先的前提是，在互联网支付之前，美国已有完备的信用体系，这一点制约了其在新的支付方式上的发展。阿里巴巴之所以崛起，靠的是大国的人口红利，但若论及技术创新，我们的前面还有很多国家，比如以色列。以色列才 800 多万人口，不可能搞阿里巴巴、微信这一类基于大人口基数的应用，但是他们的创新能力很强，每年都有大量的创新公司推出新的产品，其创新能力远远超过中国。

所以在这个世界上，如果未来决定一个国家的实力的是创新能力的话，中国在这场未来的竞争中未必一定能够领先。而创新能力如果改变了世界经济力量的对比，我们以今天的方式所计算的经济实力就会改写。这一点最关键的根源在于，我们和所有的主要发达国家相比较最大的一个落差是我们的教育。我们今天的教育体制或许将无法适应未来20年的发展。美国硅谷已经在试验以人工智能为中心的教育体系，把学校结构打乱，将幼儿园、小学、中学合在一起，然后在谷歌、Facebook这些大公司试验。而在中国，教育资源不足仍旧是一个很大的问题，特别是学前教育一块，有待大力发展。

教育也不只是资金投入的问题，也有体制观念的问题。中国很多孩子填大学志愿都是听家长的，依据的都是过去的传统，比如金融、外贸，为什么有些专业毕业后发现找不到好工作？因为我们是按照传统的观念去选择未来的方向。

所以不论学校还是家长，从幼儿园开始，就应该出去看看别国在怎么样教孩子。我们的教育如果还是现在这种以记忆为主、刷题为主的方式，我们孩子这一代注定失败。近几年，美国的一些公司开始关注并重用印度人才，其实美国也关注中国，中国人中他们特别关注的是谁呢？

是在美国出生或者长大的，现在 30~40 岁的华裔，他们在美国的公司里已经占有一定地位，美国公司认为他们是在美国文化的基础上教育出来的，而不像接受中国教育的中国学生，他们更看重前者并委以重任。中国教育体制最大的问题在于，以标准答案和重复记忆来培养孩子。这样一来，孩子不可能成为全面发展的人，连玩、看书、听音乐、看电影、体育活动，对现在的孩子来说都是奢侈的东西。

人一生中应该不断寻找新的目标，我最大的担心恰恰是来自这个方面，未来的发展很难以我们的想象来预测，比如围棋这件事情，很有代表性的阿尔法狗，现在更新的版本出来了，阿尔法狗已经把人类都击败了，但是更重要的是现在的机器人不是按照以前的棋谱、经验在学习，而是在掌握一定规律后，它自己在学习。谁能够编出这样的机器人的程序来？中国能够做到这点的有多少？所有的领域都会面对同样的问题，还有更可怕的，就是战争。现在的世界，包括中国和美国能够保持一个相对太平的局面很大程度上是因为四个字：恐怖平衡。恐怖平衡就是：你有原子弹，我有原子弹，我可以把你消灭 100 遍，你也可以把我消灭 100 遍，结果大家谁都不敢用。但是如果机器人取代人，在战场上谁会领先？这个恐怖平衡还存在吗？不知道，真的不知道。暂且不说外太空的发展，现存的从经济到军事到我们整个社会的结构会有什么改变？机器人老婆出现了，家庭关系会变化吗？不生孩子了，又会怎么样？所以这不是科幻小说，一切都在切实地发生，其中一个可能出现的社会危机，当然也有好处，就是人工智能的发展。但我们自己现在有没有能力让我们的国家、我们的后代能够在这样的一个变化中领先呢？我们要在世界上有说服力，离不开科技和社会的发展。中国从工业化时代的拼命追赶到如今走到了世界前列，这个模式让很多国家都佩服，但未来我们还能这样吗？

另一个严峻的问题是地球变暖。去了南北极后，我最大的感受是地球实实在在地在暖化，尤其是北极，现在北极已经可以通船了，我们的船从大连开出去，可以通过北冰洋到挪威。现在去北极，去格陵兰岛，许多原来不能进的海湾都可以进去了，但是这也意味着冰开始融化了。格陵兰岛上冰雪融化的地方出现了"绿色"，其吸收太阳的速度要比冰块快得多，因而冰的融化在加快。在北极圈里、挪威最北边的托管地斯瓦尔巴群岛上，有一个城市叫朗伊尔，朗伊尔建了一个世界种子库，其为了应对世界末日，把各地种子都藏在冰封的库里，到需要的时候，把种子取出来，但是在之前夏天的时候，那边的冰居然融化了，水差点淹到种子库里面去。原来是永久冰封的地方，也出现这样的问题。所以之后20年，一切或许不是线性的变化，很多东西都是突然变化的，回过头去看 20 年前，道理都是一样的，没有手机的时候跟今天有手机的时候相比，变化有多大？20 年前第一次用手机，现在呢？我们再想想未来 20 年，这个变化一定比过去 20 年更加特别，也许更加快，更加超乎我们的想象，这是我们的下一代要面对的问题。

我们未必会看得到最后那个时候，但我们的孩子这一代一定是要面对这样的现实的。到那时候，如果创新的能力不在我们手里，那就一定在人家手里。

中国改革开放"第四波浪潮"与上海自贸试验区建设

周汉民　全国政协常委
　　　　　民建中央副主席

　　今天的主题涵盖了四个非常重要的关键词：第一个是中国。上海自由贸易试验区不仅仅属于上海，它是国家战略、国家实力的体现。第二个是试验。无论是发展中国家的自贸区，还是发达国家的自贸区，其经验都很难完全照搬，上海自贸试验区的使命就是先试先行，一往无前。第三个是开放。纵览中国40余年改革开放波澜壮阔的历程，四个重要的阶段，包括上海自贸试验区的推行，无不是以开放促改革的举措。第四个是改革。改革只有进行时，没有完成时。下面，我将分享关于上海自贸试验区的几点感想。

　　中国（上海）自由贸易试验区，成立于2013年9月29日，文中多用"上海自贸试验区""上海自贸区"等来指代。

第一波浪潮始于1978年。1978年12月22日，中共十一届三中全会闭幕，开启国家对内改革、对外开放的伟大航程。航程已开启，但道路仍然艰巨而曲折。如何实现中国改革的突破？1979年，邓小平同志建议，要在我国沿海地区选择经济和社会发展相对薄弱，但却与资本主义制度十分靠近的地方进行尝试。由此开始命名中国第一个经济特区：与中国香港毗邻的深圳；第二个经济特区：与中国澳门毗邻的珠海；推而远之，第三个经济特区是汕头，第四个经济特区是与中国台湾隔海峡相望的此岸——厦门。中国四大经济特区，深圳、珠海、汕头和厦门，符合经济和社会发展相对薄弱但却与资本主义制度靠近这两个标准。1988年，海南实行整建制，行政独立于广东，成为独立省份，同时也成为中国第五个经济特区。海南岛有三万多平方千米的土地，是世界上最大的经济特区。经济特区的特征是什么？一言以蔽之，就是招商引资。多年来招商引资始终是中国改革开放一个重要的内容。当然这个"资"发生了重大变化，今天更注重智力，从招商引资变为了招商引智。

五大经济特区就其功能而言，就是窗口、试验场、排头兵，这三个功能今天仍然是上海自贸区应当充分挖掘的功能。窗口就是让我们有机会能够眺望外面的世界，同时让外面的阳光照射进来。什么是试验场？如此广阔的中国，经济发展极不平衡，因而总要进行试验。我们创建经济特区，引进外资、引进外智，就是向人类伟大的文明成果学习。第三个功能就是排头兵。广袤的国土、不平衡的发展，必须要有先行者，让先行者能够走得更远、站得更高、有示范的作用。今天看这五大特区，完全可以用苏轼词中的一句话来形容，叫"雄姿英发"。这五大特区代表中国经济、社会、文化、政治和生态文明建设诸方面的成就，上海自由贸易试验区所学习的就是五大特区的经验。

1984 年，中央决定选择 14 个城市，设立为沿海开放城市，让其作为接力赛中的第二波，将改革开放由点到面推行，最后形成片。这 14 座沿海开放城市，其中有一座就是上海。

中国改革开放第二波狂涛巨澜起于上海。1986 年，美籍华裔力学专家林同炎先生写了一封一万字的长信给当时的上海市委书记江泽民同志，解一个字、提出一个战略。解的这个字就是上海的"海"字。他说上海的"海"字由三点水构成，第一滴水是苏州河，19 世纪的上海从苏州河两岸密集地发展起来，尤其是工业。第二滴水是黄浦江，上海的浦江西岸以外滩为标志，20 世纪 30 年代就被誉为"远东的巴黎""东方的华尔街"。第三滴水就是我们应当努力将上海融入东海、汇入浩瀚的太平洋的战略，他称之为"东进战略"。尽管他生活在旧金山，过着非常丰裕的生活，但当他了解到 20 世纪 80 年代的上海有"宁要浦西一张床，不要浦东一套房"的说法，他便提出东进战略，向浦东进发。

江泽民同志把这封信转给了时任上海市政府顾问的汪道涵，于是汪道涵建议在 1987 年成立由上海市人民政府领导的浦东开发联合咨询研究小组。小组一共是七个成员，他本人任顾问，倪天增副市长任组长，每个人都有一个研究的领域。当年我还是在读的硕士研究生，专业是法学，因此就在研究浦东的开放度和浦东的法制建设的小组。1988 年，朱镕基同志就任上海市市长以后，第一个国际研讨会就在当年的西郊宾馆，研究浦东新区的开发和开放，首次向世界提出浦东新区的概念。当时浦东不是地名，泛指浦江东岸，由两个县和三个区组成：川沙县、南汇县，以及杨浦区、黄浦区、南市区的部分。当时的研究小组提出，应当以川沙县为核心，将黄浦区、南市区和杨浦区的浦东区域合并为一个行政区，叫浦东新区，高于上海任何一个区，但仍是上海市政府管辖的一个新区。这个理念提出之后，得到党中央的高度关心，邓小平同志还曾经提出，抓紧浦东开发，不要动摇，一直到建成。

1989 年 10 月，上海市市长国际企业家咨询会议集中讨论了浦东新区的开发和开放，这一部署得到与会的国际著名企业家的高度赞誉。1990 年 4 月 18 日，上海宣布浦东的开发和开放。机遇永远是留给有准备的头脑。党中央宣布浦东开发开放是在 1990 年 4 月 18 日，而浦东的研究起步于 1986 年。到中央有这样的决定时，浦东开发开放的基本理念已经成型，只有一个小小的变化，（浦东开发的）三点一线中的三点原来是陆家嘴、花木和外高桥，后来把花木改成金桥，变成陆家嘴、金桥和外高桥。我参与研究是在 1986 年，2000 年到任浦东新区首届人民政府副区长的时候，分管其中的两个区：陆家嘴和外高桥，在那时才感到当初的研究是扎实的、符合客观实际的。1990 年 7 月 7 日，朱镕基同志受中央之命率领中国市长代表团访问美国，其中一项重要任务，就是要将浦东开发和开放的理念推广到世界。在一次记者招待会上，他被问到一个问题：浦东开发和开放的十余项优惠政策，如果发表在《纽约时报》上，版面不过一个巴掌大。巴掌大一块地方的十条优惠政策，能否将浦东的开发开放引向深入，保证它的长治久安？朱镕基同志回答：我们会用立法来保证它的发展。他回上海主持党政干部会议，提到他在海外已宣布浦东要有立法，因此必须抓紧立法。他说那句话的时候，浦东相关的专门法规一部都没有，一条都没有。而后在两个月不到的时间内，1990 年 9 月 10 日，浦东首批九项法规在锦江小礼堂面世。我本人不仅参与这九项法规中一部的起草，还是这九项法规的英文总审定。

今天回过头来回顾这段历史，就如同一个最鲜活的案例，供为上海自贸区奋斗的人们共同参照。1990年浦东开发开放到今天的成就，可以用两个数字非常鲜明地说明问题：1990年浦东开发开放之初，地区GDP总量90亿元人民币，2013年浦东GDP的总量达到6 200亿元。在《朱镕基上海讲话实录》的两篇：《1990年7月26日镕基同志谈访美观感》和《1990年9月10日镕基同志答中外记者问》中，我们可以看到，我们是在怎样艰苦的条件下起步，又是以怎样豪迈的气势向未来走去。

第三波高潮，是中国复关和入世的努力。中国复关和入世的努力始于1986年7月11日，最终完成入世的宏愿是在2001年的12月10日。沧桑巨变，我们坚守了15年5个月，中国复关和入世的全部努力，可以用一句话来概括，就是与国际接轨。与国际接轨，就是与国际规则融合，按国际惯例办事。这一点对今天的自贸区显得尤为重要。

我们的努力之艰辛可以从谈判时间之冗长来判断。为了参加一个国际组织（而谈判），前后花费了15年5个月的时间，但所有的艰辛都是值得的。今天世贸组织成员国一共是162个，中国入世后贸易量从1978年占世界贸易比重的0.8%发展到2013年占世界贸易的比重超过12%，因此，加入世贸组织对我国贸易的推动作用是显而易见的。

第四波高潮，就是中国上海自由贸易试验区。中国上海自由贸易试验区绝对不是无源之水、无本之木，绝对不是一篇急就章，不是拍脑袋的产物。中国上海自贸区刚成立时占地面积小极了，可能是世界上自贸区中最微型的一个，总共 28.78 平方千米。上海自贸区以上海总面积的1/226，确定了一个战略地位——支点。我们都曾听闻阿基米德的名言：给我一个支点，我就能撬起地球。上海自贸区是支点，中共十八届三中全会全面深化改革的决定是杠杆，以此撬动中国新一轮改革开放。

人们一直问中国的自贸区为什么最终花落上海？上海自贸区的成立不是一个匆忙的决策，对于在上海建自贸区的期望、研究和呼吁也有多年了。我保留了"园区""试验区"这两个词汇来说明它的历史：上海自由贸易园区由时任国务院总理温家宝提出，建立上海自由贸易试验区的决定最后由李克强总理做出，这说明上海自贸区的思想历练、上下沟通、反复斟酌、最后决策，得到两届政府的关注。2013 年 3 月 28 日，中央做出在上海试点的决断之后，我们就努力地撰写总体方案，并于 6 月 30 日向党中央国务院呈交了上海拟定的总体方案，三天之后，7 月 3 日，国务院常务会议批准总体方案。这样的速度在中国改革开放史上是没有的。党中央认为要继续对上海自贸区的战略定位予以明确，因此又于当年 8 月 27 日，在中央政治局会议专门讨论自贸区工作，提出了 10 个字：探索新途径，积累新经验。这就是上海自贸区的使命。

上海自贸区由四个区域构成，四个区域没有在地理上毗邻，是相互独立的。下面就详解这四个区域。

第一个区域是外高桥保税物流园区。外高桥保税物流园区的功能是16个字：国际中转、国际采购、国际配送、国际转口。外高桥保税物流园区离外高桥保税区3千米，本身有3平方千米，其重要功能是国际贸易。

第二个区域是外高桥保税区。它占地最大也特别重要，我们完全可以说，没有外高桥保税区的积淀，就没有上海自贸区。浦东开发开放是1990年4月18日宣布的，外高桥保税区于当年9月开始运作，从不满1平方千米开始，发展到今天总面积十来个平方千米。2010年外高桥保税区在世界最有名的经济类报纸——英国伦敦《金融时报》上的全球自贸区综合评比中获得第一名，这也充分说明外高桥保税区是上海自贸区重要的物质基础。

第三个区域是浦东机场综合保税区。浦东机场综合保税区的建设始于2009年，为上海国际航运和金融中心功能的重要组成部分，它的总面积大概是4平方千米。

第四块区域是洋山保税港区，是上海自贸区最靠海的一块。这一块从2005年开始作为国家战略，是保证上海成为世界海运吞吐量第一大港和集装箱运输第一大港的最重要的港区。

所以上海自贸区陆地上有两块在外高桥，机场有一块在浦东机场，海港有一块在洋山深水港区，这四块加在一起叫上海自由贸易试验区。

上海自贸试验区先由国务院常务会议批准，再由中共中央政治局专门会议讨论，最后在 2013 年 8 月 30 日，第十二届全国人大常委会第四次会议上，决定三部法律要在上海自贸区暂停实施三年。这三部法律我们通称外资法，具体就是外资企业法、中外合资经营企业法、中外合作经营企业法。中华人民共和国成立后，在中华人民共和国有效管辖领域内暂停实施法律的，这是唯一的例子。是不是这三部法不好呢？恰恰相反，这三部法是对于中国改革开放最重要的法律，中国入世的时候，我们或修改或保留或创设了不少的相关法律，其中六部法律是大改的，其中有这三部。那为什么暂停实施？因为这三部法律的两个原则，在上海自贸区不能用。第一个不能用的原则是审批原则。外资企业进入中国先审批可行性报告，再审批章程和合同，审完以后有个批准件，按批准件去领取营业执照。审批制度在上海自贸区中止实施，取而代之的是备案制度。第二个不能实施的是这三部法律要求外资入中国建立企业，得按照国务院颁布的投资指南。投资指南里面有三类：鼓励类、限制类、禁止类，要按照三类的规定来选择投资方向。上海自贸区实行的是这三类中唯一的一类，从审批制改为备案制，从投资指南指引改为负面清单管理。这本身就是一场伟大的变革。

在完成上述法律手续之后，上海自由贸易试验区于2013年9月28日公布服务业扩大开放6大领域、18项举措、23个方面，我下面说说要点。

第一，金融服务领域。这个领域有四项新举措：① 允许符合条件的外资金融机构设立外资银行。金融机构的概念比外资银行的概念大得多，在逻辑学上是种属关系，所以中国金融业的混业经营是可能的。② 民资和外资合资建立中外合资。在上海自贸区的努力下，民营银行和外资银行合资来建设中外合资银行也成为可能。③ 将设立有限牌照银行。所谓有限牌照银行，就是银行的服务范围和银行的服务对象都有法定而且是有限的领域。④ 允许符合条件的中资银行开办离岸业务，上海自贸区的离岸业务始终是未来努力的方向。

第二，航运服务领域。先前提到的6大领域、18项举措、23个方面中有一条与现行法律冲突，即允许中资公司拥有或控股拥有的非五星旗船，先行先试外贸进出口集装箱在国内沿海港口和上海港之间的沿海捎带业务，只要证明做捎带业务的船是中资拥有或者中资控股的外国船（即非五星旗船），就可以做捎带业务，而这与中华人民共和国现行的《海商法》直接冲突。举一个实例来说明什么叫捎带业务，比如明天上午九点上海港有一艘万吨轮要开到日本的大阪，现在载货的情况是载货量只是总载重量的30%，70%是空仓，按过去，这船明天九点照开，货没有也照开。现在这条如果能够实施，我们就尽早地和沿海港口打招呼，你们有什么货要运到日本大阪去的，我给你们捎带。这个业务允许上海港作为一个点，中国万里海疆任何一个点都可以把这些货捎带到上海来由上海捎带出去，这是个不得了的业务。所以上海自贸区的改革力度极大，这项改革针对的沿海捎带业务的实施，将让上海港的竞争力大大超越周边港口。

第三个领域一共有两块：① 增值电信。国家工信部作出决定，增值电信业五大领域开放。这次开放的五种服务外资股权都可以超过50%。② 游戏机、游艺机的销售和服务。这一块开放更大，游戏机和游艺机销售服务在中国大陆在此前已被禁止十多年，自贸区则对这一块全面开放。

第四个领域是专业服务业。专业服务业是按照国民经济分类用的词汇，其实专业服务业，即英文 Professional Services，应该翻译成职业服务业。几大专业开放都是所谓的智力开放、智力投资。① 律师业。我是中国第一批律师，1986年就做律师了。律师业向海外全面开放，包括与港澳台地区合资。② 资信调查。独立调查公司都可以做资信调查。③ 旅行社。中国2013年的境外游接近一亿人次，接待海外游客4 500万。④ 人才中介。合资人才中介公司，外资控股比例可以达到 70%，注册资金只需达到125 000美元就可以搞人才中介公司。⑤ 投资管理。⑥ 工程设计、建筑服务。这些更无可限量，小到一个乡镇，大到超大型的上海市，多少的建筑工程和投资管理都有外资的参与。这个领域的开放非常关键。

第五个领域的开放是最敏感的，几经努力才决定有这两项开放的内容：① 演出经纪。让外国的演出经纪公司可以独立设置机构，在整个上海提供服务。② 允许外资设立独资的娱乐场所，在试验区内提供服务，这也让人有更多的想象空间。

最后一个领域就两块，但是内容却很扎实：① 教育培训、职业培训。开放是全方位的，只要不是义务教育，经营培训机构都可以开放。② 医院。从综合医院到专科医院再到门诊部，外资都可以独资设立医疗机构。

第一部分讲了三个问题：第一，中国的改革开放是以开放促改革的，开放一共有四波浪潮，上海始终在汪洋大潮的前头；第二，上海自贸区不是急就章，有物质准备，有精神准备；第三，上海自贸区公布的 6 大开放领域自有其布局深意。

上海自贸区的目标是九个字：可复制、可推广、升级版，对应一个字叫"突"：要改革突显、要谈判突破、要政策突围。

第一，改革突显。今天国内全方位改革遇到的最重要的两大问题，第一是改革红利被不断地稀释，第二是要防止走入中等收入的陷阱。

改革红利逐步的稀释，核心就是资源成本、环境成本、人口成本三大成本的高企。第一，由于这三大成本的高企，经济高速增长的时代已经结束。1978 年到 2012 年，中国持续 34 年年均 GDP 增长率 9.9%，2013 年中国 GDP 的增长率是 7.7%，所以经济高速增长的时代结束了。第二，除资源和环境问题以外，劳动力成本增加，中国真正进入了人口红利的刘易斯拐点。2012 年，中国劳动力市场新增劳动力比 2011 年锐减 345 万人，而且这个趋势还将继续。单独二孩政策的推出，即是针对这一问题的对策之一。

中等收入陷阱如何防范？全世界公认有四个问题必须高度关切：一是经济增长不能持续下滑；二是通货膨胀不能持续高企；三是贪腐不能成为改革的最大障碍；四是利益集团不能丛生。这四条标准就叫做中等收入陷阱国际指标。在这样的背景下，上海自贸区任重道远，它的任务没有改变，仍是试验区、桥头堡、排头兵，但其内涵发生了重大变化。

首先，上海自贸区要试验的是，国家要主动参与国际或者全球投资和贸易规则的重构。今天的世界面临的重大的事件，就是全球投资规则和贸易规则在重构，中国不能置之度外，中国早在 2001 年入世时就融入了世界，没有一个国家可以在危机面前独善其身，也不可能与世界潮流背道而驰。

至于桥头堡，如果要精准形容自贸区，它就是个跳水的高台。企业不能在自贸区五年十年地安营扎寨，要将自贸区作为高台，做一个漂亮的跳水动作，跳入国际产业链的重构、国际创新链的形成中。整个自贸区要推进的非常重要的一件事，就是政府行政体制的改革，这是最好的时机。

上海自贸区的成功，一定在于实行了高标准的规则。简单概括就三句话：上海自贸区如果要成功，一在于公平的竞争环境，二在于全面国民待遇，三在于充分保障权益。大家千万不要过多纠结于上海自贸区到今天已经注册了多少企业，这不是问题的根本，根本在于能否引领未来中国经济改革和开放的方向。上海自贸区最值得我们称道的，就是建立负面清单管理的模式，由核准或者审批改为备案、工商登记制度相衔接推进进程。首次在中国实施负面清单的管理，是我们自贸区最可圈可点的成就。全世界实行负面清单管理的国家，中国是第 77 个，实行的地点就是上海自贸区。负面清单管理体现了一个古老的法律原则，叫"一切是可行的，除非被禁止"，这是英美法的一个原则，原文是 Permissible unless prohibited。负面清单其实就是一张禁止清单。上海自贸区的负面清单从内容而言，与国家的投资指南中限制和禁止类相比不能说有太大的进步，但它实施的管理方式让世界为之震撼，所以改革凸显。从国内而言，就是对改革红利的稀释、对防范中等收入陷阱，要做出预判和努力。

第二，谈判突破。先说说国际重大的压力，讲讲开放的重要性。跨太平洋伙伴关系协定谈判（TPP 谈判）于 2002 年由四个国家起意：新西兰、新加坡、文莱和智利；美国 2008 年决定参与，2009 年正式参与后开始风生水起；日本于 2011 年 10 月加入；美国于 2018 年退出后，现在是 12 个国家在进行 TPP 谈判。这个谈判的核心是两点，一是高度自由化。TPP 谈判涵盖所有的货物贸易和服务贸易，要求实现零关税，而且不能有例外。过去的国际规则规定，发展中国家有过渡期，对某些发展中国家要提供一点例外。TPP 认为，不管什么国家没有例外。第二个特征更关键，它涉及广泛的非关税率领域，包括安全标准、知识产权保护等等，其广度和标准都超过了世界贸易组织的相关条款。当然，TPP 不是无源之水无本之木，它的基础是世界贸易组织的规定。世界贸易组织从 2001 年开始的多哈回合贸易谈判到 2015 年仍毫无结果，这也让美国作出了重大的战略选择，从多边主义回撤，从双边主义向前，构成一个叫诸边主义的模式。当然，美国已于2018年退出TPP谈判，这些都是后话了。

第二个谈判叫TTIP的谈判，全称是泛大西洋贸易和投资伙伴关系谈判。这两个谈判的内容很相近，但TTIP走得更远，是个封闭谈判。这个谈判不是诸边，一边是一个国家，另一边是欧盟，所以是双边谈判。这个谈判不仅涉及全面的零关税化，非关税措施的开放更厉害，还会统一投资监管标准、食品安全标准、药品监管认证、专利申请认证等等，让欧美市场完全融合，构成跨国自由贸易区（FTA）。自由贸易区有两类，国内的自由贸易区，如上海自由贸易区，英文表述为FTZ（free trade zone）；国与国之间的自由贸易区，英文表述为FTA（free trade area）。

我将这两项谈判的特点总结为三个"更"：更高标准，更高水平，更加安全。更高标准，就是公平竞争、知识产权、劳工标准和环保标准都在谈判中；更高水平，上海自贸区实施的准入前国民待遇和负面清单就是典型的更高水平；更加安全，就是投资的保护要更安全，投资的争端解决要更有效，安全审查要更明确。

第三，政策突围。上海自贸区成功的政策突围反映在六大方面：① 贸易领域。贸易领域要坚持的原则就是3句话12个字：一线放开，二线管住，区内自由。② 投资领域。 上海自贸区最吸引人的，就是境外的投资和融资搭起了一个高台，要高台跳水，千万不要在自贸区时间待得过长。要利用它，为己所用。③ 金融领域。 这是最核心的领域，具体为利率的市场化、汇率的国际化、人民币境外使用的扩大化、金融机构和外汇管理的宽松化。④ 服务贸易领域的全方位开放。从金融服务业到旅游业都在服务贸易范畴中。⑤ 体制机制。上海自贸区可复制的是什么？将来他者可复制的一定是体制和机制，即贸易自由、人员进出自由、货物流通自由、货币流通自由、货物存储自由。⑥ 法治环境。可推广的一定是法治建设。法治建设是两步走，第一步是要建立法律制度，第二步是要依法去治理，前面是制度的制，后面是治理的治。

总结来说，上海自贸区要完成可复制的体制机制、可推广的法治成就，形成升级版的改革开放。上海自贸区要升级的，就是国家治理体制和治理能力的现代化，上海自贸区的治理体制和治理能力必须现代化。

上海自贸区所承载的改革和开放的使命，就是要抓功能突破、体制突破和制度突破。先讲讲两个基础性的表现（和一个背景）。

首先，上海自贸区已经形成溢出效应。① 上海自贸区是党的十八届三中全会通过的关于全面深化改革若干重大问题的决定中明确的重要内容，也是唯一一项具体内容。② 负面清单的溢出已经涉及行政权力，就是政府不能做什么要让全国人民知道。所以负面清单成为国家行政体制改革的重要内容，这一步跨得坚实。而一个国家行政体制改革提出负面清单在中国是首创，这叫制度创新。③ 推动了中美双边投资协定实质性谈判，因为上海自贸区提出负面清单管理，美国国际贸易代表办公室写了一个报告给总统，而中美投资协定实质性谈判也得以启动。④ 中欧双边投资协定谈判开始。⑤ 中欧自由贸易区协定谈判得以推动。⑥ 形成一批可复制可推广的经验。⑦ 激励更多地方推行自贸区，并为其他地区的进一步开发提供借鉴。这就是我所理解的上海自贸区溢出效应的七个方面。

其次，国务院作出决定，调整上海自贸区行政审批程序措施，确保 6 大领域开放措施落到实处。有法的先改法，这是上海自贸区可圈可点、可复制、可推广的经验。

一个背景是，中国人民银行颁布支持上海自贸区 30 条金融政策，简称 30 条意见。这 30 条意见的要害就是三个坚持：第一，坚持金融服务于实体经济。这句话太重要。金融与实体经济的关系是皮之不存毛将焉附的关系，所以金融服务于实体经济就是要搭建一个高台，让自贸区这个高台形成于国际的新竞争之中。第二，坚持先行先试，这是最重要的，即利率市场化、汇率国际化、人民币境外使用扩大化、金融机构和外汇管理宽松化。第三，坚持稳步推进，这一条同样重要。上海自贸区没有一寸铁丝网拦住，如何建立电子围栏，并实施有效管理，是对我们提出的最大挑战。上海自贸区的任务就是六个字：放得开，管得住。绝不能满足于放得开，最后管不住；但也绝不由于考虑要管住就不放。在放得开和管得住之间要有必要的平衡。

在这样的背景下，30条就要做五桩事情，最关键的有以下几点。

第一，账户体系。账户体系就是现在自贸区的居民和注册的企业开立任何账户与国际金融市场完全融通，对外全通了，对内则留了一条路，即自贸区账户可以在证券市场投资，这叫风险管理的创新。

第二，汇兑便利。上海自贸区要率先探索人民币外汇可兑换，在哪里兑换、投资、融资，让人民币自由兑换，对此要进行探索。

第三，人民币跨境使用要扩大，今天人民币在世界上已经是极为热门的货币。一个国家的货币在境外使用，主要是以下四种方法：一是贸易结算。二是外汇买卖。中国人民币在世界货币市场上的买卖空前活跃，是全球交易量最大的9种货币之一。三是货币清算。人民币在中国大陆以外已经有了相当重要的清算中心，一个是中国香港，另一个是英国伦敦。四是储备货币。尽管人民币还不可以自由兑换，但已被世界上很多国家作为储备货币存起来。

第四，利率市场化。利率市场化的问题极为严重。只要利率市场化稍有苗头，又由于人民币不可自由兑换，利差的存在、套利的可能就是巨大的危险。所以我们要稳步推进。

第五，外汇管理体制改革。总结起来是"一个扩大、两个支持、两个取消、三个简化"。一个扩大：扩大跨国公司总部的外汇集中经营，希望跨国公司的总部在这里设立地区总部的时候，把资本经营的部门移到此地。两个支持：自贸区不是样样能做，支持的是总部经济和新型贸易，与此同时支持境内外的租赁贸易，上海自贸区要成为中国最大的租赁业市场。两个取消：审批取消、核准取消。三个简化：简化资金池的管理、简化登记手续、简化大宗商品租赁的付款手续。

下面几个举措是上海自贸区的生命所在。

第一，贸易转型。贸易转型要注意三句话：国际贸易集成功能、高端贸易服务功能、离岸贸易功能，强调集成、高端、离岸。上海自贸区不是一般的加工贸易区，到一个仓库、再贴点标签、大包装改成小包装、再转来倒去，这不是自贸区的未来。未来自贸区的企业相当数量要赋予有限离岸地位，自贸区在一定程度上是有限离岸中心，因此要

给企业有限离岸地位，使其可以享受相关的政策。海关要紧紧抓住三个"一"：一次报关、一次查验、一次放行。上海自贸区贸易功能的拓展，很关键的是打造巨大的融资租赁特别功能区。上海自贸区代理融资、保险评估、法律、会计、报关诸多服务领域的集成，构成整个中国最大的融资平台。

第二，服务贸易。巨大国际压力下的几个谈判，最重要的内容都是集中在服务贸易。服务贸易的开放要抓住自己的强项，我以为上海有6大强项：工程承包、设计咨询、信息服务、金融保险、教育医疗、文化创新。这6条就是6大开放领域的主要内容。与此同时，上海自贸区要主动承接国际服务外包产业的转移。国际服务的外包不断在转移，从软件开发到研发设计，从物流外包到金融后台服务。我曾到访印度，特别去看建在印度班加罗尔的、华为在全球最大的研发中心，我问华为的海外总经理，为什么将这么重要的全球中心设在印度的班加罗尔？他的回答出乎我的意料，又在情理之中。他说印度人讲英语。他说得太对了。不提高语言水平，国际服务外包产业转移就很难落到此地。服务贸易必须先试先行，世界对我们的重大压力是服务贸易的进一步对外开放，服务贸易新的产业门类每天都"长"出来，难以归类，因此上海必须先试先行，还要深化管理。说一千道一万，目前贸易管理体制的核心是效率，是竞争的公平性，更主要的是知识产权的保护的力度。

第三，外资管理体制改革。现在上海自贸区实行负面清单管理，外资企业来此也好，中资企业来此也好，没有审批制，只有注册制，这样一来关注注册资本有多少意义？现在实缴制改为认缴制，认缴制下的注册资本的大或小意义不大。负面清单管理实行后，别人在此地注册成功，这不是万事大吉，而是问题刚刚开始。因而外汇登记、海关监管、风险防范的配套措施，必须急速到位。我们还要创新外资利用的模式，外资利用、直接投资今天仍然重要，但间接投资的方式和方法每天在创新、提出挑战，如何进一步开放债券市场、外汇市场、期货市场、衍生品市场和黄金市场，都是重要的。

第四，投资管理和服务。自贸区最吸引人的就是一个平台。首先，要利用好人民币海外投贷基金，有了海外投贷这样的基金，百姓参与基金投资，即可拓宽海外投资的渠道。其次，要鼓励企业的境外投资。鼓励企业境外投资对企业而言绝对是生疏而新鲜的，无论新建还是并购，无论是参股还是增资或再投资，都是一门深奥的学问。培训必须开展，必须加强。再次，支持和服务要跟上。中国的银行在世界上有这么多分支机构，外国的银行在中国又有相关的服务，哪几个银行愿意成为中国的企业或外高桥的居民对外投资的代理行？银行要站出来做代理行，这是国际业务的基本需要。同时，还要改善境外投资管理的体制。现在外资投入此地，实行准入前国民待遇了，但中国企业走向海外的投资，我们的管理必须改革，方式方法要调整，手段要简便，要利于中国企业不失时机地走出去。

第五，积极发展离岸金融。上海自贸区应该打造成一个完整的离岸金融中心，离岸金融包括离岸保险、证券、基金、信托、货币、同业拆借、黄金和衍生品在内的一系列市场，所以上海自贸区金融开放方兴未艾。离岸中心管理的关键要突显便利。离岸中心的法律体系不能照搬照抄国内法，也不能直接引用国际公约和条约，因此要制定相关的法规、办法和细则来进行管理。上海自贸区是一个放得开、管得住的特别区域，因而离岸金融中心的监管体系，必须是审慎的模式，必须实行并做到健康而有序的控制。

总而言之，上海自贸区成立以来取得的成绩值得肯定，期待更为巨大，也希望它的支点作用发挥得更好，为国家的改革和开放贡献独特的力量。

上海改革发展的逻辑： 历程与未来展望

王新奎 教授，博士生导师
上海 WTO 事务咨询中心理事长兼总裁

　　我今天的讲题原来是上海市委组织部的一个干部培训项目课程，该项目课程要求通过回顾上海改革开放的历程来探究上海改革发展的内在逻辑并展望未来。回想起当年改革开放刚刚起步的时候，我们这代人经常把当时对改革开放持怀疑态度的某些人叫做"九斤老太"。鲁迅先生在短篇小说《风波》里塑造了一个角色，一个老太太老是讲今不如昔，过去生了孩子九斤重，现在生个孩子才六斤重，以此证明一代不如一代。鲁迅先生在小说中借此角色批评那些守旧派，问道，你们那时用的是什么秤？现在我们老是跟年轻人讲：我们那个年代没饭吃，现在你们有房有车，还能出国旅游，已经很好了，不要不满意了。这个话对不对？对，也不对。对，因为你讲的是事实。不对，因为你不知不觉地成了"九斤老太"。因此，还是一个用什么

"秤"的问题。所以，我要通过自己亲身参与上海改革开放的经历的回顾，重点探讨上海改革发展的内在逻辑是什么，始终坚持改革开放，保持探索精神，不做"九斤老太"，以此纪念改革开放以来的变化。

20 世纪 80 年代是上海改革发展的第一个阶段。我认为 20 世纪 80 年代是上海筚路蓝缕、砥砺前行的艰苦十年。如今的上海已经算得上全球城市，但是我们不能忘记 20 世纪 80 年代的上海是怎么过来的。为什么要对外开放？为什么改革这么重要？为什么我们必须走市场经济的道路？在中国，这实际上不是一个纯粹的理论问题，而是在现实中必须回答的实践问题。我记得 20 世纪 80 年代初，我在复旦大学读研究生，我们 10 号楼宿舍里住的都是各系的研究生。在当时，几乎每天晚上，我们经济系的同学都热火朝天地争论市场经济和计划经济哪个好。对面房间住的是物理系的同学，听到我们在那里争论不休，就对我们说：这不是理论问题，是实践问题，就像我们解决在实验室里碰到的问题。我的同代人非常怀念上海在计划经济时代的辉煌，比如当初的上海牌手表、永久牌自行车、蜜蜂牌缝纫机，所以我想先给大家讲一讲 20 世纪 80 年代的上海是一个什么样的城市，这样一个城市为什么要改革和开放。

当时的上海还处于集中计划经济体制下。集中计划经济时代的上海有四个基本功能，一是计划价格剪刀差之下的全国经济中心，二是外贸国家统制之下的全国贸易中心，三是生产资料计划调配制之下的全国物资中心，四是生活资料票证分配下的全国商业中心。在改革开放以前，上海的财政收入最高时竟占全国总额的 1/6，上海的工业总产值最高时占全国的 1/8。能不能以此证明上海这个城市的辉煌？我说不能，因为这一切都是计划经济体制造成的。所谓价格剪刀差，就是通对农村实行集体化改造、国家强制用极低的价格，从农民手中把农产品收购上来，实行统购统销。那时候中国工业基础很差，轻工业基本集中在上海，把这些农产品运输到上海加工成轻工业产品以后，再通过统购统销计划体系把上海生产的轻工业产品用极高的价格卖到全国去，其中的高额差价就被国家拿去投资基础设施建设、用于重工业的原始积累了。所以上海在 20 世纪 80 年代以前是一个典型的集中计划经济城市。

从 1978 年开始农村经济体制改革到 1984 年城市经济体制改革这段时间里，农村经济放开了，农民可以在市场上出售自己生产的产品，这个时候轻工业原料就出现了两个价格，一个价格是市场价格，还有一个价格叫计划调拨价格，我们把这种状态称为"价格双轨制"。1984 年城市经济改革开始，中央要求上海继续承担计划生产任务，为支撑全国的改革开放作贡献。这样，上海自身的发展就遇到了前所未有的挑战。上海遇到的第一个问题是工业企业，特别是轻工业企业很快陷入亏损的困境。上海那个时候的企业几乎 100% 都是全民所有制企业，生产经营完全受制于计划经济体制。在"价格双轨制"下，这类企业为了完成国家的计划生产任务，不得不以很高的市场价购入原料以填补国家计划划拨原料之不足。而企业生产的产品，国家又以很低的计划价收购，于是就造成企业的巨额亏损。这些企业怎么办？有两个办法，一个办法很简单，反复提折旧，甚至干脆不提折旧，停止一切设备更新甚至技术改造，先在账面上把短期盈亏做平。第二个办法是与乡镇企业搞联营。全民所有制企业把国家计划划拨的一部分低于市场价格，或国家垄断经营的计划原材料，比如钢材，交给乡镇企业去加工，加工后再返销给企业，以此降低生产成本。然后，企业再拿这些乡镇企业加工的产品去完成国家下达的计划收购任务。但这一模式在 20 世纪 80 年代中期以后也开始陷入困境。最典型的是纺织业。上海的纺织业为什么早在 20 世纪 80 年代中期就发展不下去了？因为最重要的原材料棉花短缺，不但国家计划划拨的棉花没有了，而且因为全国各地都自己搞棉纺厂，连市场价格的棉花也几乎断绝了来源。当时的上海市市长汪道涵曾经想了个办法，就是到全国各地去搞棉花基地，上海来投资，基地生产的棉花供上海纺织业需求。但很快就证明，这一办法行不通，哪一个生产棉花的省份肯把棉花给上海呢？特别是国家对全民所有制企业实行了"拨改贷"的经营财务核算体制改革。在过去，全民所有制企业的固定资产投资和经营流动资金都是由财政无偿拨款提供的，当然，企业利润也全部上缴财政，实行统收统支的企业经营财务核算制度。实行"拨改贷"改革以后，企业的资金来源突然由财政拨款改为银行贷款，企业需要向银行支付利息，这成为压垮上海全民所有制企业的最后一根稻草。

当时，上海城市的运行硬件也出了很大的问题。第一是基础设施建设严重欠账。1988年，上海发生了肝炎大爆发的事件，究其原因，是城市基础设施严重老化，不堪负担所致。那时候雨水管道与下水管道不分，老石库门的居民就在马路边刷马桶，马路边的下水道是雨水管，最后汇集到黄浦江去，自来水厂再抽上来，上海人自己吃掉、喝掉。那些外观现代化的花园洋房其实也没有污水管道，挖一个储存污水的池子，定期用卡车来抽走。过去一幢花园洋房住几个人，后来变72家房客，一到下雨天，污水就从池子里溢出来，搞得弄堂里粪水横流。1988年肝炎大爆发，当时的卫生防疫站站长说，所有的流行病毒都控制住了，就是一个肠道流行病控制不住。什么是肠道流行病？就是甲型肝炎。什么原因？粪便污染了市民的饮用自来水。

第二是知青返城导致的严重的社会失业问题。为了解决这些返城的 20 岁出头的年轻人的就业，组织里弄生产组帮助他们自救，工厂给他们开 7 毛钱一天的工资。刚刚从农村回来，大家都还觉得 7 毛钱一天还可以，但之后他们将面临成家立业的问题，怎么办？所以那个时候干部和群众精神状态都非常差。

上海该怎么办？当时中央财政没有余力支援上海建设，上海需要自己想办法。当时上海一年财政收入 46 个亿，还比不上现在一个县级市。46 亿财政，40 亿是一手进一手出的吃饭财政，剩下 6 亿是什么概念？这些钱连修补破旧的马路都不够。我说的"筚路蓝缕"就是这个意思。

在这一局面下，上海做的第一件事就是还基础设施建设的旧账。上海先做的基础项目是合流污水工程，把污水和雨水先分开，这是关系到上海市民生存的大问题。这个工程的规模在当时比后来的修地铁还大，据说下面的污水总管道宽得可以走卡车。现在一个小区建起来，楼里的厕所、马桶等产生的污水，都是从合流污水工程管道走的。后来的苏州河治理，也是为了配合合流污水工程。

上海做的第二件事是调整工业结构，那时候叫关停并转。当时，产业结构调整只能通过工厂关停并转的存量调整方式。比如，20 世纪 80 年代，纺织业是上海的支柱产业，有 80 万纺织工人，纺织品出口占上海出口的 80%。从

20世纪80年代后期开始，上海决定对纺织业进行全行业的关停并转。记得当时市政府规定，必须看着你厂里的纺织机械设备投入炼钢厂的炼钢炉以后，你才能拿到市政府的财政补贴。为了解决纺织工人下岗和再就业的问题，上海第一个再就业中心就是在纺织系统建立的。当时我们把这种产业结构调整叫"壮士断腕"。我再举个外贸系统的例子说明一下。上海的茶叶出口有上百年的历史，不仅具有全国一流的茶叶仓库和茶叶加工厂，还有一大批茶叶专家。"文革"后至80年代，上海的茶叶加工资源全部浪费掉了。为什么？因为产茶的兄弟省份全部自己加工出口茶叶，上海的茶叶加工业只有一条路，直接关停，连"并转"的可能性都没有。

上海做的第三件事是放开手脚，大力发展城市街道集体经济，先解决迫在眉睫的返城知识青年的就业问题。当年，上海的街道工业是全国最先发展起来的，被人戏称为"螺蛳壳里做道场"。一大批知识青年回城以后，在政府的支持下，自发办了大批的街道工业。尽管物质匮乏，生产条件非常差，但当时上海的街道集体工业还是依托上海原有的工业基础和加工技术，出了不少知名品牌。有一段时期，上海街道集体企业生产的电视机、洗衣机、复印机、热水器曾经风靡全国。

在20世纪80年代如此困难的条件下，上海通过上面讲到的"壮士断腕"式的奋斗，坚持了下来。我称之为"砥砺前行"一点都不为过。

20世纪90年代是上海改革发展的第二阶段。我认为在这一阶段，上海改革发展开启了迈向21世纪的征程。其中，最核心的是浦东的开发开放。纪念改革开放40周年时，中央定了4个标志性的事件作为改革开放40周年的重点经验，一个是深圳的开发，一个是浦东的开发，一个是家庭联产承包责任制，还有一个就是自贸试验区。我一直认为上海的浦东开发开放是中国改革开放新时代的开始。根据我自己亲身经历，我认为浦东开发开放有以下几个标志性意义。

首先，浦东开发开放标志着中国改革开放的重心从珠江三角洲扩展至长江三角洲，上海重新成为中国对外开放的前沿。1990年到2005年这15年，经济全球化进入了被称为"全球价值链革命"的高速发展阶段。中国正是通过上海浦东开发开放抓住了这个千载难逢的历史性机遇。

其次，浦东开发开放标志着上海率先进入了建设社会主义市场经济体制新阶段，成为中国经济体制改革的先行者。党的十四届三中全会系统地提出了建设社会主义市场经济的具体战略部署。虽然现在人家对这个概念非常熟悉，但在当时一切都未经摸索，不知道这个市场经济到底是什么概念。当年的上海理论界，乘着浦东开发开放和邓小平同志南方讲话的东风，在关于社会主义市场经济体制改革的理论研究和政策实践方面都走在了全国的前列。

中国建立社会主义市场经济的根本任务就是从商品价格市场化改革向要素价格市场化改革的深化。我国社会主义市场经济改革的这一伟大探索就是从上海浦东开发开放起步，并取得决定性突破的。

要素价格市场化的前提是明晰产权。20 世纪 90 年代，在国有企业经营体制改革的过程中，上海首先提出明晰产权这个概念，用于指导国有企业改革的实践，并写进十四大报告。

在明晰产权的基础上，在浦东开发开放的过程中，上海还探索出了一条要素价格市场化的改革道路。大家知道在 20 世纪 80 年代我们完成了商品市场的价格市场化，在那个时候叫价格闯关。价格闯关的直接影响是物价猛涨，但也使供给大大增加。现在有文章说过去东西多么便宜，说现在不如过去。这种论调是错误的。计划经济时期虽然物价受到统一规定，但供给数量严重不足，你不一定能买得到，现在不一样了。我是很反对干预价格的，出现供给缺口怎么办？怎么解决？不要去限制价格，让市场的供需来调整。但到了 20 世纪 90 年代，新的问题出现了。商品价格市场化了，但三大要素，即资本、土地和劳动力的价格没有市场化，商品价格的市场化就是不完全的，无法真正对资源配置起基础性的引导作用。所以，中央给上海浦东开发开放一个重要任务，就是探索实现要素价格市场化的道路。为此，上海做了三大探索，首先是建立证券市场。在银行存贷款利率还是由国家计划管理的情况下，通过建立直接融资市场，实现了资本要素价格的市场化。当然，直到现在，资本要素价格市场化的改革还远远没有完成，但是方向一定是对的。其次是土地要素价格市场化。这里所指的土地是经济学的概念，包括土地，土地下面的矿产资源，土地上面的水资源、空气等。土地要素价格市场化是上海首先试验的。上海虹桥开发区现在有两幢楼，叫太阳广场。原来这里是片菜地，后来宣布这个地方是虹桥开发区以后，日本有一家企业花4 000万美金拍下了这块地，搞办公楼宇商业房地产项目建设。到了浦东陆家嘴建设的时候，上海的土地批租就制度化了，发展出土地空转的模式。陆家嘴的开发没有钱，于是就成立一个陆家嘴开发公司，给它规划6平方千米的地。财政先借给开发公司30个亿，陆家嘴开发公司拿了这30个亿到当时的土地管理局，把这6平方千米的土地从国家那里批租过来，土地管理局给开发公司发土地产权证，然后土地管理局再把这30亿还给财政。开发公司拿了土地产权证到银行去抵押贷款，建设基础设施，把生地变成熟地，然后将土地批租出去，再把钱收回来，还给银行。如此往复，级差地租不断升高，就这么一块一块地滚动，其实一分钱都没花，财政这钱都没动过，只是在概念上面转一转，土地就盘活了，这叫土地滚动开发。当然，这种土地滚动开发模式在全国推广以后，也出现了一些问题，需要通过进一步的改革来加以解决。最后是建立社保制度，这是实现劳动力要素市场化改革的关键。在计划经济体制下，户籍、人事和粮油关系把人捆在一个地方的某个单位里，几乎是无法流动的。到了 20 世纪 90 年代，上海通过建立统筹统发的养老金、医疗保险金、住房公积金和失业保险金，打破铁饭碗，实行劳动合同制，采取再就业、买断、协保等过渡性措施，终于把劳动力从单位的束缚中彻底解放出来，基本完成了劳动力要素价格的市场化改革。劳动力要素价格的市场化对解放和提高社会生产力起到了决定性的作用。

20 世纪 90 年代的浦东开发标志着上海获得了调整和拓展城市功能，探索城市化发展新机制的历史性机遇。一年一个样，三年大变样，上海成为新时期中国走新型城市化发展道路的示范性模板。这条新型城市化道路之所以能发端于上海浦东，是因为在当时的上海，社会主义市场经济体制下的土地、资本和劳动三大基本生产要素价格市场化的改革已经能够激发出上海城市改造和发展的巨大潜在动力。

上海浦东开发开放的 30 年，对全国有巨大的影响力。那个时候上海市政府搞了一个研究项目，叫"迈向 21 世纪的上海"。我们理论界首先提出给上海城市功能进行定位，那时候叫"一龙头、三中心"，即长江三角洲与长江流域的龙头，国际经济、贸易和金融中心。这一中心城市的概念，一直延续到现在没有变。我们理论界还提出了上海产业结构调整的方向。上海作为一个中心城市，它的结构应该是什么样的？我那时候曾经在日本做访问学者，在东京从来没看见过工厂。回来以后我想，一定要讲上海"三、二、一"的产业布局这个问题。那时候我们对"产业结构调整的方向是什么"也没什么高深的理论依据，只是根据美国著名经济学家、诺贝尔经济学奖获得者库兹涅茨的一本著作《各国的经济增长》①中指出的经济增长与产业结构变化关系的规律，建议上海作为中国最大的城市经济中心城市，城市和经济的发展应该从传统的以第二产业为主转向以第三产业为主，提出了"三、二、一"的产业发展战略。我们当时很年轻，研究生刚毕业，观念束缚少。有老同志反对说：都搞第三产业，我们吃什么？但是现在回想起来，没有"三、二、一"的产业发展战略，上海这样的弹

---

① 西蒙·库兹涅茨.各国的经济增长[M].常勋，等译.北京：商务印书馆，
2018.

丸之地又该如何发展？但后来大家都接受了，全国大一点的城市都讲"三、二、一"。

关于城市发展的规划布局。当时上海有两种选择，是搞中心城区与卫星城镇相结合的放射型城市布局，还是搞像北京这样环形摊大饼式的城市布局？我们论争了很长时间，最后决定还是搞中心城区与卫星城镇相结合的放射型城市布局。现在看来，我们这个战略是对的。当初我们先搞内环，然后搞南北高架和东西高架，沿着延安路高架搞三个 CBD 支点，虹桥开发区、徐家汇 - 淮海路 - 南京路商圈和陆家嘴金融开发区。当然了，这个规划布局现在看来还是要加以适当调整。

通过我本人 40 多年来的亲身经历，我觉得上海 20 世纪 80 至 90 年代的改革开放历程应该是中国从集中计划经济体制走向社会主义市场经济体制、从封闭走向对外开放的缩影。90 年代的上海浦东开发开放，就像当年深圳一样，带动了全国的发展和开放。因此，在纪念改革开放 40 周年大会上的讲话中，把浦东和深圳作为两个典范来总结、宣传，我觉得有它的道理。

2001 年中国加入世贸组织（WTO）后，上海成为中国融入经济全球化的窗口和桥头堡。同时，2001—2010 年也是上海产业结构和城市功能提升最快的时期，我通过洋山深水港这个标志性项目来说明这一点。

20世纪90年代初，我们确定了上海"一龙头、三中心"的城市功能。经过10年的努力，到21世纪初，已经初具规模。其中，体现国际贸易中心功能的大宗商品现货和期货交易市场体系，体现国际金融中心功能的包括票据市场、外汇市场、债券市场股票市场等在内的资本市场体系，都已经在全国居于龙头地位。90年代初的时候，上海颇有远见地在浦东张江留了空白。到了2001年中国加入WTO以后，跨国公司涌入中国投资，张江高科技园区就起来了，支撑了上海作为经济中心功能的发挥。90年代后期，我们曾经讨论过"大浦东开发规划"，研究了浦东发展重心东移的问题，即上海要从一百多年来的沿黄浦江发展模式转向沿东海发展模式，成为名副其实的"上海"。根据这一规划战略思想，后来才有浦东新区两次扩区，才有临港新城、浦东国际机场、临港装备产业区等大型基础设施项目的上马。特别是中央提出要上海建设国际航运中心的要求以后，深水港，特别是大型国际集装箱码头的建设就成为燃眉之急。洋山深水港的建设，解决了上海国际航运中心建设的瓶颈问题。上海为什么能在长三角聚集这么多的外资企业？我认为与两个重要的基础设施建设项目有关，一是浦东机场，二是洋山深水港。

纵观上海40多年来改革开放的历程，值得我们总结的重要经验我认为有以下三条：

第一条重要经验是，上海的改革开放必定与经济全球化密切相连。我一直认为，上海这座城市的土地资源相当匮乏，上海的优势一个是丰富的人力资源积淀，另一个是优越的地理位置。不管是海运、陆运还是空运，上海都有得天独厚的地理位置。随着超大型集装箱货轮的出现，环球海运网络发生了革命性的变化。随着全球制造业向东亚区域的大规模转移，釜山、上海、新加坡和中国香港（深圳盐田港）成为环球钟摆航线的关键枢纽港，像日本神户、中国台湾高雄这种传统的港口都衰落了。天津怎么都搞不起来，因为它不在环球钟摆航线上面。所以上海这个城市的经济发展一定和全球经济连在一起。我们国家开放了，上海就兴旺发达；我们国家封闭了，上海就衰落。

第二条重要经验是，上海的发展必定与经济的市场化紧密联系。上海是一个综合性城市，产业门类齐全，金融、贸易、航运、重工业、轻工业都在上海。像这样一个复杂的城市经济体系，只有用市场化的办法才能够使其高效运转起来。所以市场化越向前推进，上海经济就越兴旺，发展就越快。

第三条重要经验是，上海的经济发展必定与城市化紧密联系。现在都说进入了信息经济时代、数字贸易时代，在这种背景下，经济活动一定会越来越集中于几个大的以枢纽城市为中心的城市网络区域。因此，上海一定要融入长三角区域一体化发展，通过建立统一的区域市场网络，发挥上海作为国际化大都市的龙头作用。

我们在考虑上海城市发展的时候，还不能忘记思考以下三个问题：经济全球化到底是一个什么趋势？国内的市场化改革到底是一个什么趋势？长三角的城市化到底是一个什么趋势？40多年来，上海长期坚持四个中心建设的总目标不动摇，但在建设的各个阶段中，我们又要与时俱进、因地制宜，不断调整阶段性的目标，而调整阶段性目标的依据就是我们对经济全球化、国内的市场化改革、长三角的城市化发展中长期趋势的正确把握。

今后上海怎么发展？像上海这样成熟的特大城市，它的发展有自己的规律。上海城市的空间密度已经到了极限，人口指标和建设用地指标快用完了，环境污染指标也限制了工业的发展，能源消耗总量有一个明确的上限，因此通过大规模的城市基础设施投资或工业项目投资迅速拉动上海 GDP 的可能性已经没有了。上海已经过了单纯追求 GDP 高速增长的发展时代。

经过过去几十年的高速发展，上海也已经建成了一个很完整并且稳定的产业结构。目前，有种种迹象表明，上海的经济发展模式和产业结构都开始进入一个质量型增长的新常态。财政收入实现连续多年的增长，人均可支配收入增长已经超过了 GDP 增长速度。近年来，中央也对上海寄予很高的期待。通过自贸试验区的建设，要求上海成为具有全球影响力的科创城市。通过科创城市的建设，解决如何应对即将到来的数字经济的全球化和全球数字贸易发展的高潮的挑战的问题。很多问题都需要上海自贸试验区先行，给国家的整体发展提供经验。

成功是什么？成功就是当机会来临的时候，你已经具备了必要条件。一个城市也是这样，成功首先需要机会，同时还需要必要的准备。上海必须要超前思考、提前筹划，当机会再次来临的时候，才能把握住。所以改革不能到了非改不可的时候再改，一定要预先有准备。如果没有20 世纪 80 年代的"筚路蓝缕，砥砺前行"的突围，上海就不可能抓住 90 年代浦东开发开放的机会；没有 90 年代浦东开发开放，上海也不可能抓住 2001 年中国加入 WTO 以后的黄金时期。因此我们必须坚持上海过去 40 多年来形成的改革和发展的逻辑传统，这个逻辑传统就是：改革开放的既定目标不能轻易变动，与时俱进的探索精神不能稍有懈怠。

改革兴邦与依法治国：
走向民族复兴的第三次革命

施　凯　上海市人大常委会法工委副主任

今天跟大家分享的主题是"改革兴邦与依法治国：走向民族复兴的第三次革命"。习近平总书记指出，"全面推进依法治国是一项系统工程，是国家治理领域一场广泛而深刻的革命"①。我认为习近平总书记讲的这场革命，是一场使中国人民从"站起来""富起来"走向"强起来"的革命，是中华民族走向伟大复兴的第三次革命。

中央为什么高度重视法治？从大的方面看，至少有这几个方面的原因。第一，时间紧迫。我们已经对外宣布，到 2020 年将全面建成小康社会。小康社会其中一个目标就是在 2020 年基本建成法治政府。也许有同志会问，法治涉

---

① 中共中央文献研究室.习近平关于全面推进依法治国论述摘编[M].北京：中央文献出版社，2015.

及的不仅是政府，还有人大、法院、检察院，为什么要把建成法治政府作为小康社会的一个重要指标呢？因为老百姓直接与人大接触的机会并不多，与法院、检察院直接打交道的机会也很少。他们对这个国家是不是法治国家、社会是不是法治社会，是通过跟政府打交道来判断的。所以法治政府的建设对全面依法治国目标的实现至关重要，不举全党之力，法治政府是建不成的。第二，改革期盼。习近平总书记强调，党的十八届四中全会通过了全面推进依法治国的决定，与党的十八届三中全会通过的全面深化改革的决定形成了姊妹篇①。这说明两个会议、两个决定有着内在的逻辑关系。三中全会做了一个很重要的决定，即国家今后改革的总目标是实现国家治理体系和治理能力的现代化。我们搞了几十年管理，市场管理、企业管理、社会管理、行政管理，凡事都讲管理。但对治理不熟悉。"管理"和"治理"一字之差，但概念完全不同。管理说得简单些，就是政府说了算，什么都找政府；治理则是政府、市场、社会三大力量协商解决问题。这就对法治提出了更多更高的要求。因为从政府一个主体变成政府、市场、社会三个主体，就意味着政府要放权，要改变包打天下、主要用行政手段解决社会问题的传统做法。这就全面改变了政府与市场、社会的关系。在治理的框架下，政府与市场、社会再也不是上级和下级、老子和儿子的权力依附关系，而是平等的法律关系，因此必须抓紧法治建设。没有法律来规范市场、社会，岂不要天下大乱？第三，意义重大。法治不是单纯法治领域的事，而是涉及政治体制改革路径选择的大问题。从十八届四中全会决定的内容看，全面依法治国重点要解决三大问题：党跟法的关系问题；政府和社会的关系问题；公权力和私权力之间的关系。这三个问题都不是单纯的法治领域的问题，而是涉及权力的重新配置，是政治体制改革领域的事。

全面推进法治建设涉及的内容很多，四中全会确定了190项任务①。我们怎么来掌握其核心内容和法治中国的走向，可以从法治中国建设的目标、法治中国建设的任务、法治中国建设的要求三方面来认识。

首先，法治中国建设的目标就是建设社会主义的法治体系、社会主义的法治国家。要注意这个"治"已经换成了水字旁的"治"，不是立刀旁的"制"。我们过去讲法制国家、法制体系，更多的是讲制度的"制"。制度的"制"是写在纸上的东西。2011年我们就对外宣布，中国特色社

---

① 石畅.习近平治国理政关键词：让法治为中国梦护航[EB/OL].人民网，http://theory. people. com. cn/n1/2016/0411/c49150 - 28264848. html，2016 - 04 - 11.

会主义的法律体系基本形成,讲的就是这个。但怎么落实,中央没有系统地提出过。一直到党的十八届四中全会,中央才完整地提出了建设中国特色社会主义法治体系的任务。从此"制"换成了"治",这是具有标志性意义的。中国特色社会主义法治体系由五大体系构成,即完备的法律法规体系、高效的法治实施体系、严密的法治监督体系、有力的法治保障体系和完善的党内法规体系。

第一,完备的法律法规体系。这个"完备"首先指的是法律制度结构意义上的完备。我国的法律制度主要由法律、行政法规、地方性法规和政府规章所构成。地位最高的是法律,由全国人大制定。到 2014 年为止,法律有 242 部,国务院制定的行政性法规 738 部,地方人大制定的地方性法规 5 000 多部,地方政府制定的行政规章 4 万多部。其次指的是覆盖领域上的完备。你不要看定了这么多制度,但还不完备。法律体系的建设并没有完成,任务还很艰巨。最后指的是立法主体上的完备。长期以来,我们实行的是中央、省市(包括少数较大的市)两级立法体制。随着经济社会的发展,对法治的需求越来越大,而且地方的发展差距也很大,集中立法适应不了地方对法治的不同需要,所以中央决定实行立法体制改革,设区的市也有部分立法权。这就形成了三级立法的体制。这个体制也有一个不断完善的过程。

第二，高效的法治实施体系。社会上有种说法，叫"立法如林，执法如零"。虽然话有些夸张，但一定程度上反映了群众对执法效率不高的意见。执法效率不高的原因是什么，是执法的人太少吗？不完全是。主要还是观念出了问题。我们经常用一句话教育我们的执法、司法部门，即执法和司法要做到政治效果、社会效果、法律效果的有机统一。明明依法可以处置的，不敢及时处置，甚至发生了荒唐的事。据新闻报道，有些地方为了避免执法中发生与群众的冲突，搞起了围观执法。我不没收你的东西，也无法把你赶走，但是我也不能让你违法经营。于是派执法队员把你围起来，不让你做生意。你走到哪，我围到哪。更有甚者，搞起了鲜花执法，老百姓搞不清楚这是表扬还是要处罚。这样执法，文明是文明了，但没有了效率和执法的权威性。出现这样的情况，难道是三个效果有机统一的原则有问题？显然不是。是原则用错了地方。我认为三个效果有机统一只能用在立法上，不能够简单地用在执法和司法上。我们国家的法律法规是党领导人民制定的。人大每年的立法计划和立法中遇到的重大问题，都要向市委报告请示，市委从政治高度给予指示，这就是政治效果。法律法规在付诸表决前，一般都要广泛听取社会各方面的意见，求得社会最人公约数，这就是社会效果。然后立法机关按照立法法的要求，用法言法语把党的要求、社会的共识准确表达出来，这就是法律效果。所以一部法律法规通过以后，实际上已经完成了三个效果的有机统一，剩下的只有一件事，那就是严格依法办事，否则怎么理解中央讲的另外三句话——有法必依，执法必严，违法必纠？当然，法律法规也不是十全十美的，执法中发生的问题有些与法律法规的滞后和不适应有关，如果完全按照法条办的话，有可能产生不好的政治、社会后果。即便遇到这样的情况，正确的做法是向立法机关反映，及时修正法律法规，而不是以三个效果统一为由，要求执法、司法部门搞法外的妥协、避让、变通。从现实情况看，法律法规修订的工作做得不理想，滞后于经济社会发展和改革的需要，五年、十年不修订的法律法规多得是。法治实施效率不高的真正原因在这里。

第三，严密的法治监督体系。这一次党中央对法治监督体系的主体做了一个规定，共有八大主体，党的监督、人大监督、政府监督、民主监督、司法监督、审计监督、社会监督、舆论监督。这八大监督的严密性体现在哪里？一是体系比较严密。八个监督主体覆盖了现有监督的方方面面，特别是审计的地位提高了。审计过去是行政监督里面的一个职能，这次把它单列出来，是因为审计是国家唯一的专业监督，具有不可替代性；而且审计如果不独立，很难发挥应有的监督效力。二是表述比较严密。四套班子中没有提政协。其实不是没有，而是用民主监督替代了。因为政协本身不是一个组织实体，政协是政治协商的一项制度和平台，行使民主监督权力的主体是各民主党派、社会各界。三是定义比较严密。细心的同志会发现，八大监督少了一个监督——群众监督。过去国家机关以外的监督，一直是指社会监督、群众监督、舆论监督这三个方面。这次中央没有提群众监督。没有提不是不要群众监督，而是因为，首先，群众不是法律概念，群众是一个政治概念；其次，我们讲的监督是有组织、有秩序的监督，人大、政协、社会、舆论都是代表人民群众行使监督的渠道。既然有这么多法定的、有组织的民意监督渠道，如果还提群众监督，那就会造成认识上的混乱。所以这八大监督从字面上看，好像没有什么新的内容，但从法治的角度认真研究，有不少深层次的考虑，充分体现了严密的要求。

第四，有力的法治保障体系。法治是有成本和需要投入的。但这里谈的还不是一般意义上的人、财、物的保障，重要的是政治、组织、思想上的保障。比如，法治建设这么大的事情，过去中央到地方没有统一的领导机构。各个省市都有依法治省、依法治市领导小组，甚至乡镇都有这样的领导机构，但是中央没有。反过来，中央有的法制机构，地方却没有。如中共中央办公厅一直有一个部门——法制局，协助党中央处理涉法的事情，但各个地方党委却没有这个机构。不仅如此，连法治工作的协调、办事机构设置，全国各地也不完全统一，大多数省市设在司法行政部门，也有设在人大、政法委的，上海设在市委。其实设在司法行政部门有些勉为其难，依法治市这么大的事情，司法行政部门协调不了。十八大以后，这个问题终于解决了。中央成立了全面依法治国领导机构，习近平总书记亲自担任领导。这样法治中国的建设就有了政治和组织上的保障。

第五，完善的党内法规体系。有的同志不理解，搞法治体系建设，为什么要把党内的制度建设放进去，这样一来，党跟法不是不分了吗？我觉得五大体系把党的制度体系放进去，中央有着很深远的考虑。一是突出了依法执政的理念。中国共产党是执政党，又提出了依法执政的要求。这就有必要在党的各项制度的制定中体现法治的基本精神，做到党纪与法纪在重要原则上的有效对接。二是突出了制度建设的严密性。法律法规强调严密性。党内制度虽然不是法律法规，但也涉及严密性的问题。中华人民共和国成立以来，我们党内有一千多项制度，全世界的执政党恐怕没有哪一个像我们这样有这么多制度。十八大以后，中央组织专门力量对新中国成立以来党的各项制度做了清理，废止了56%，但仍有400多项制度①。这么多制度

① 张晓松，崔清新，罗宇凡.扎紧依规治党的"制度之笼"——聚焦首次中央党内法规和规范性文件集中清理工作[EB/OL].新华网，http: // www.zznews.gov.cnnews20141118144685.shtml，2014 - 11 - 18.

是否管用，与制度设计的严密性直接有关。三是突出了制度执行的刚性。法律法规的特点之一是执行的刚性。所以党内的制度建设一定要放到法治体系里去通盘考虑。

其次，法治中国建设的任务是什么。中央明确了五个方面，即科学立法、严格执法、公正司法、全民守法和队伍建设。

第一，科学立法。所谓科学立法就是要符合经济社会的发展规律、法制建设的规律和立法工作的规律，发挥人大在立法工作中的主导作用，扩大社会对立法的广泛参与。尊重规律就是要克服法律万能的思想，因为法治有一个特点，叫"法不责众"。此外，要发挥人大在立法工作中的主导作用。这个主导作用体现在几个方面：一是政府的立法计划要与人大的立法计划相衔接，不能自搞一套；二是人大组织起草班子，政府一起参与；三是重要的立法直接上人民代表大会审议，而不是仅限于常委会。另外还要扩大社会对立法的参与。我们做过调查，凡是社会参与度、关注度高的立法，实施的成本相对都比较低。因为公众行使过参与权，就会自觉配合法的执行。

第二，严格执法。严格执法的基本要求就是三句话，权力法定、责任法定、程序法定。首先是权力法定，即要做到法无授权不可为。有一个省的公安厅看到出租房刑事犯罪案件上升，就发布了一个决定，今后凡是发现出租房住有犯罪嫌疑人、藏有犯罪赃物或者被用作犯罪现场，房东负有连带责任。结果发布没有多久就宣布这个决定作废。原因是有人举报这个决定违法。公安部门发现治安出现新情况，主动采取措施，怎么变成违法了呢？因为按照公安的规定，房东必须天天去查房屋使用情况，结果你增加了公民的义务；因为房东老去查，结果没人敢租你的房，造成财产损失，你又减损了公民的权利。任何增加公民义务、减损公民权利的决定都必须遵从法律做出。公安做这个决定，一没查过上位法，二没向全国人大汇报请示，属于越权行为，当然违法。其次是责任法定。长期以来有一个问题一直没有得到很好解决，那就是专业管理与综合管理的关系。委、办、局与街道办事处老在管理上扯皮，形不成管理合力。其实这个问题如果完全按照法律规定办，并不难解决。组织法规定，街道办事处不是一级人民政府，不是行政执法主体，主要在基层管理中发挥组织协调、督促检查、保障落实的作用。结果有的地方为了实现管理重心下移，把专业管理的责任和执法权下放给了街道，完全打乱了行政管理的分工和秩序，造成了管理上的更大混乱。最后是程序法定。我们常常认为，只要出于公心、效果也是好的，程序上有点瑕疵不是大问题。其实，从法治的角度讲，程序有一票否决权。程序不合法，结果和实体也一定不合法。从这个意义上说，程序法定比权力和责任法定更重要。法治政府建设除了要有权力清单和责任清单外，还应有程序清单，这才构成法治政府建设的闭环。

第三，公正司法。公正司法首先要转变司法理念。其次，改进司法体制。比如，审判和执行要不要分离。我们法院不仅管审判，还要管执行，结果因为执行不到位，严重影响了法院的公信力。国外有的国家是实行审、执分离的，法院只管审判，执行交给司法行政部门。这样做的好处是维护了法院的权威，而且即使执行不到位影响了当事人的正常生活，政府还可以启动行政救济程序，这个法院做不了。最后，就是完善机制。司法公正离不开监督，特别是法律监督。我们现在也有监督，比如每年两院都要向人民代表大会汇报工作，平时还要向常委会汇报专项工作。但这种监督难以常态化。现在不少地方在尝试对法官、检察官进行述职评议，就是解决这个问题的好办法。法官、检察官都是人大任命的，但干得怎么样，没人过问。现在每年进行抽检，不仅增强了所有司法干警的法治观念，也维护了人大依法履职的形象。

第四，全民守法。要做到全民守法，首先要纠正一个认识。我们普法已经进行了七轮，但大家的感觉仍然是生活在一个人情社会、关系社会里。群众遇到问题第一反应不是找律师、找法律，而是找关系、找领导。出现这一情况的原因在于长期以来民众对用法的关注度不够，用法成本高的问题一直没有得到很好的解决。这从普法的口号也可以看出。普法长期宣传的是学法、守法、用法。看上去好像逻辑也很通。一个人不学法，自然搞不清法律的底线；底线搞不清，怎么守得住；底线守不住，又怎能依法维权呢？但老百姓更看重的是用法。法如果不管用、用不起，学了又有何用？在降低用法成本这个问题上，政府就要提供新的公共服务。比如财政出钱，免费为中小学、居村委会聘请法律顾问，把法律服务送到校门口和家门口。其次，要有一个好的引导机制。现在权利和义务不对等的情况很普遍。不仅政府工作是如此，在群众的日常生活中也很常见。比如交通整治，加大处罚力度、增加违法成本固然是法律赋予执法部门的权利，但有效利用道路资源、科学设置交通标识、为群众用车提供方便，是不是也是执法部门应尽的义务？看到优惠商品和服务蜂拥而上，当然是消费者的权利，但消费者是否也应明白"便宜没好货"的道理，履行理性地消费、配合维护市场秩序的义务？这些问题认识清楚了，就会在全社会树立一个良好导向，培养全民自觉遵守秩序的良好习惯。最后，要关注民生，为法治社会建设提供良好的社会基础。从实践来看，大部分的城市管理顽疾背后都有一个民生问题，而不是简单的执法问题。比如群租房整治。群租房的出现造成了不少卫生、治安、消防隐患，应该整治。但仅仅靠加大处罚力度不可能真正解决问题。原因很简单。这些住在群租房里的人，就是过去住在违章建筑里的人。现在城区旧区改造完成了，搭违章建筑的地方没了，于是出现了群租。大量为这个城市提供简单劳务的外来人口，既租不起新造的商品房，也不可能住到远郊去。所以不解决这部分人的居住问题，是不可能彻底解决群租问题的。

第五，队伍建设。政治路线确定之后，干部就是决定性的因素。改革开放这么多年，之所以取得这么大成就，就是因为有一条正确的干部路线。当初培养、选拔了一大批有学历、懂经济、会管理的年轻干部走上各级领导岗位，保证了改革开放的顺利进行。今天要落实依法治国方略，同样需要造就一支人才队伍。我觉得这里最重要的有两点。一个就是把是不是具有法治思维作为考核、提拔干部的重要标准。现在干部队伍基本上学历都没有问题，但知识结构比较单一，学经济的占了相当大的比重。现在的年轻人读书也都去报经济专业——国际金融、国际贸易、工商管理等等。不是说懂经济的干部现在不需要了，但只懂经济，不懂法治，是搞不好市场经济的。市场经济本身就是法治经济。第二个就是要普遍提高依法办事的能力。历史将证明，随着法治中国建设的不断推进，将来治国理政的人才相当大一部分要从懂法的人当中产生，这是全世界法治国家共同走过的道路。

最后，在法治中国建设的要求方面，中央提出了五大原则，即五个坚持：坚持中国共产党的领导，坚持人民当家作主，坚持法律面前人人平等，坚持德治和法治有机结合，坚持从中国实际出发。

第一，坚持中国共产党的领导。首先，坚持中国共产党的领导要正确认识党与法的关系。我们有不少同志习惯把党与法的关系对立起来，认为坚持党的领导，法就要让路；坚持法的至高无上地位，就会削弱党的领导。最典型的就是老问一个问题，党大还是法大。习近平总书记说，"'党大还是法大'是一个政治陷阱，是一个伪命题"①。党和法不是同一性质的概念，党是一个组织，法是一项制度，怎么简单比大小？党大还是法大，其实不是选择题，也不是是非题，而是辨析题。党与法不是对立关系，而是辩证统一关系。其次，坚持党的领导还有个实现路径的问题。这就要发挥法治机关中党组织和党员的作用。比如，从人大来讲，就是要发挥好人大常委会中党员、人大代表中党员和人大机关中党员这三支队伍的作用，把党的政治主张转变为国家意志。现在看来，这三支队伍的作用总体

---

① 中共中央文献研究室.习近平关于全面依法治国论述摘编[M].北京：中央文献出版社，2015.

发挥得是好的，但也存在不平衡，有继续完善的空间。

第二，坚持人民当家作主。宪法规定国家一切权力属于人民，法治当然也不例外。从法治的角度讲，人民当家作主有三个重点。一是要保障人民在重大事务上的决策权，即知情权、表达权、参与权、监督权。我们现在基层出现的许多问题，与对四大权利的落实不重视有关。二是要保障人民对国家经济社会事务的管理权，发挥协商民主的作用。有些法律法规为什么执行的效果不好，就是缺乏社会的充分协商。虽然立法者事先也广泛听取过各方面意见，但听意见不是协商。协商有三个特点或者要求：协商要求利益相关者直接面对面谈判，听意见是由立法者背靠背分别听取；协商不能预设前提，结果是协商出来的，听意见通常事先有一个文本；协商参与者的地位是平等的，而对意见的采纳权主要在听者手里。在一个高度分化的社会里不充分协商，是达不成高度共识的，也就难以制定出一部真正的良法，所以中央要求协商在立法之前。三是要切实落实人民群众对权力的监督。我们不提群众监督，并不等于反对人民群众有组织、有秩序的监督。比如党风、政风、行风的监督涉及国家机关的权力运行和人民群众的切身利益，需要社会的高度关注。

第三，法律面前人人平等。要真正做到法律面前人人平等，从实践的角度看，重点要处理好三大关系。一是政党和国家政权的关系。国外有些别有用心的人一直在质疑共产党执政的合法性。其实这也是一个伪命题。中国共产党的领导早已经写入宪法，宪法草案拿到人民代表大会审议、表决、通过。所以共产党的领导地位不是自封的，这不仅是历史的选择、人民的选择，而且还是通过法定程序授予的，有什么合法性问题？此外，党的政治主张再好，都停留在领导讲话、决定里，怎么落地？因为党的决定只有党组织和党员必须贯彻执行，对非党群众没有约束力。那就只有转变为法律才能成为人人要遵守的行为准则。二是政府与社会的关系。我们实行的是行政首长负责制并且已经入法。按照"用权必有责、失责必追究"的原则，发生行政诉讼，行政首长应该出庭应诉，但事实上行政首长很少出庭。现在司法作出了明确规定，今后发生行政诉讼也即民告官的案子，规定应该行政首长出庭的，行政首长必须出庭当被告。这样做的积极意义在于体现了法律面前人人平等的原则，有助于从根本上解决"法了民不了"的问题。道理很简单，如果群众看到领导出庭当被告，说明权力敬畏法律，司法公正有了制度保证。而且领导对这个诉请怎么看，我对这个诉请怎么想，当着法官的面都说清楚了，判决以后还有必要再到政府上访吗？没有必要了。三是老百姓和老百姓的关系。"法律面前，人人平等"这个原则，过去对领导干部强调比较多。其实民与民之间也有个人人平等的问题。有的地方信访秩序比较乱，就是与这个原则向群众宣传不够有关。按照"法律面前，人人平等"的原则，完全应该参照司法受理程序，实行信访受理程序终结制。因为政府信访的资源是有限的。如果那些反复上访的人，都要按照正常程序受理，信访部门哪还有时间、精力处理其他群众的问题呢？你要维权当然可以，但不能以牺牲他人的权利为代价，这样的维权行为法律不应支持。

第四，坚持德治、法治的有机结合。首先，对德治和法治有一个全面的认识。德治、法治都是社会治理的重要手段，但各有长短，不能偏废。德治的长处是提倡做高尚的人，短处是只具倡导性，没有约束力；法治的长处是有强制力，但短处是法不责众，涉及大多数人的事情，仅靠法没用。而且光讲法治也不行。法治只是告诉你做一个合格的公民，如果我们的社会只是停留在做一个合格的公民的基础上，这个社会的文明程度是无法提高的。其次，德治、法治还是互为因果的。比如交通规则有一条，两条道并道的时候，大家应该轮替前行。因为道路是公共设施，每个老百姓都有权利用，在公共设施的使用权利上是平等的，没有人有特权。这是一个法律层面上的认识。但是从这个行为的内在价值看，是尊重社会公德的体现。最后，德治、法治也要取长补短，实现制度创新。上海市人大制定了上海市社会信用征信管理条例，这个条例就是将德治和法治有机结合起来，调动公民自觉遵守社会公德和法律的自觉性。我们设想这个制度要对接两个系统，一个是收费系统——水电煤气费、物业管理费、有线电视费等等，你的缴纳情况跟这个系统对接；第二个对接上海所有的执法机关处罚的记录，然后请专业公司来开发一个信用产品，以后考大学、招工、考公务员、提拔干部、做生意，都可以查你的信用。信用上了黑名单的，你将寸步难行。保险公司通知你保费提高了，银行通知你信用卡取消了，长期合作的生意伙伴合同不签了，你出国回来，人家的行李免检，你的行李都要打开，就是因为你不讲信用。诚信制度的原理不是靠罚款，而是向社会披露你失信的信息，放大你的无形成本，而且一朝以身试法，让你终身受到影响。这就是德治与法治有机结合后的制度创新。

第五，坚持从中国的实际出发。从中国实际出发的第一条就是要有一个正确的理念，比如如何正确认识司法独立。国外许多国家搞三权分立，以示司法的独立性，我们有不少人就很推崇。其实稍有政治常识的人都明白，世界上其实没有绝对的司法独立。美国是三权分立的代表，但有真正的司法独立吗？如果有，美国最高法院大法官的席位，民主党、共和党为什么争得死去活来？司法从来都是为统治阶级服务的，古往今来无一例外。我们是人民民主专政的国家，一切权力都属于人民，人民通过人民代表大会行使权力，没必要搞什么三权分立。第二条，从中国实际出发就是要做到循序渐进。一个国家的法治一定是与这个国家的经济社会发展水平相适应的。比如人大代表结构的变化就很说明问题。早期人大代表的名额分配在城市与农村是不一致的。城市是一人一票，农村是三个人一票。经过这么多年的发展，城乡的差距逐步缩小，经济社会的发展到了一个城乡融合的新阶段，农民的整体文化素质也有了很大提高。所以全国人大决定，人大代表将按照人口结构同比例产生，以便更好地体现人民当家作主的权力。第三条，从中国实际出发，就是要从法治实际效果出发。我们法治的历史不长，国外的有些做法值得借鉴，但也要符合国情。比如，英美法系的国家审判用判例制，法官自由发挥的空间很少，这对实现同罪同罚的司法要求比较有利。但中国的情况就不太一样。判刑的作用是起到社会警示和对犯罪的惩戒作用，但在城乡差别、地区差别和贫富差别还比较大的情况下，同样的量刑，未必能取得同样的司法效果。但是我们在限制法官自由裁量权上也不是无所作为。比如，党的十八届四中全会决定所有生效的法律文书都要上网公示，这样法官就要接受全国人民的监督。为了提高审判效率，尽可能减少因为法官的个人原因造成的误判、错判，我们还用大数据为法官提供审判支持，在减轻法官压力的同时，尽可能地减少审判的随意性。所以不是说西方的东西一律都不学，也不是说西方不做的东西，中国都不做，而是都要从国情出发。

习近平总书记指出，全面推进依法治国是一项系统工程，是国家治理领域一场广泛而深刻的革命。这场"革命"将改变每一个中国人的人生。通过我们的努力，世界将一定会看到一个新的中国。

上海 2035： 迈向卓越的全球城市

唐子来 上海市人民政府参事
同济大学建筑与城市规划学院教授

在《上海城市总体规划（2017—2035）》中，我们对上海的发展定位是"迈向卓越的全球城市"，今天我想围绕这个主题从五个方面谈谈感想。

这五个方面可以总结为三个关键点：一是上海在全球城市网络中的定位；二是上海迈向卓越的全球城市有何挑战；三是策略建议，即在配置资源方面，上海未来该何去何从。

在过去几百年中，世界经济格局始终处于变化之中，有三个变化是最主要的。其一，工业革命导致欧洲经济体的崛起，也导致了亚洲经济体特别是中国和印度的衰败。工业革命使世界经济格局发生颠覆性变化，奠定了世界经济的核心，也产生了边缘格局和国际劳动分工等理论。其二，第二次世界大战再次改变了世界经济格局，战后美国成为全球的超级经济体。其三，20世纪70年代以来，经济全球化导致世界经济格局发生显著变化，经济危机导致世界经济格局不断波动，全球经济呈现出多极化的趋势，亚洲、新兴经济体，尤其是中国，正在迅速崛起。2009年，中国经济总量超过日本，成为世界第二大经济体。随着中国在世界上的经济地位越来越显著，中国主要城市在世界城市体系里的作用和地位也越来越引人关注。

有一位英国经济地理学家从两个维度来识别世界经济格局发展，第一个维度是经济活动的地理扩散，第二个维度是经济活动的功能整合。比如：特斯拉在全球拓展，在功能上它是整合的，研发、资本运作、核心零部件、整车装配都是根据不同的价值区段，分布在全球各地的。有记者曾问我一个问题：底特律为什么衰退了？我说，主要是美国人当时不明白，汽车可以在底特律设计，但是未必要在底特律生产，这是不同价值区段的事。如果安排在上海浦东生产汽车，那么美国的蓝领工人就没有工作了，因为生产制造环节趋向于转移到劳动力成本更低的地方。前述这位英国经济地理学家把经济格局分为地方化、国际化、全球化、区域化四种过程。地方化过程是地理上集中、功能上不同程度整合的经济活动；国际化过程只是地理上扩散的跨国经济活动，但功能整合程度并不高，只是在贸易功能上扩散了，它与全球化的本质差别在于，它不是产权控制的，只是跨国贸易而已；全球化过程是地理上高度扩散、功能上深度整合的经济活动；区域化过程类似于全球化过程，但仅限于区域范围，比如欧盟就是欧洲经济的一体化。中国有些企业只是做到国际化，还谈不上全球化，但华为这样的企业已经进入全球化了，它非常清楚管理和控制、研究和开发、制造和装配的全球配置，这就是全球化布局的跨国企业。

我们往往从三个维度来分析经济格局的变化，生产（production）、贸易（trade）、投资（investment）。在 2008 年的金融危机以前，世界经济格局的主要特征就是：跨国贸易增速大于生产增速（这是国际化）、跨国投资增速大于跨国贸易增速（这是全球化）。跨国投资才是全球化的核心，因为贸易并不控制产权，而是投资控制产权。跨国公司成为经济全球化的主要作用者，城市的跨国指数就是城市中企业的跨国指数，如果一个城市中跨国企业占比较高，就说明这个城市在全球经济网络中的话语权较大。为什么我们说伦敦、纽约是领先的全球城市？因为总部在纽约和伦敦的企业很厉害，纽约和伦敦的资本市场影响全球。统计数据表明，世界贸易中相当部分是跨国公司内部的跨国贸易。比如，德国大众把汽车发动机卖给上海大众，这就是跨国贸易。这也佐证了地理上高度扩散、功能上深度整合的经济全球化过程。

人类已经进入城市时代。城市是经济的载体。世界经济格局变化必然导致城市体系变化。经济全球化导致世界城市体系的转型，以"产业链"为特征的空间经济结构正在转变成为以"价值链"为特征的空间经济结构。以特斯拉为例，其核心部件并不在上海生产，但最终会在上海组装后进入中国市场，部分还要进入东南亚市场。没有朝阳产业或夕阳产业，只有产业的高附加值区段或低附加值区段。不管在上海搞什么产业，一定要关注产业的价值区段。举例来说，按照 2009 年的价格核算，一部在中国组装的苹果手机的批发价大约 180 美元，中国组装的附加值仅为 6.5 美元。但是，为什么苹果手机组装无法转到越南呢？中国的工业配套能力和质量控制水平是其他发展中国家无法取代的。

为什么上海的发展定位是全球城市，还是卓越的全球城市？首先我们要知道什么是全球城市，事实上，经济全球化以后才有全球城市的概念。一位知名学者提出网络时代的空间逻辑。"流通空间"在全球经济网络中占据主导地位，就是资本和信息流通等形成全球经济网络；城市作为"场所空间"，是全球经济网络的枢纽或节点。如何在全球资本体系的流通空间中找到城市发展定位，也就是上海如何强化全球资本体系中的资源配置功能，成为全球经济网络的枢纽城市。纽约和硅谷的最大差别在于：纽约作为全球城市，是全球资本市场的金融中心；而硅谷则被人们更多地认为是全球科技创新中心。上海打造全球城市，就应该成为全球资本市场的金融中心；打造科技创新城市，则要对标硅谷。尽管全球资本支配体系和全球资本服务体系并非完全重叠，领先的全球主要城市往往既是资本服务中心，又是资本支配中心。

站在全球的高度分析上海，我们应当把握四个基本的分析维度。其一，基于跨国公司总部及其分支机构的全球网络，考察全球资本服务体系和全球资本支配体系；其二，在全球资本服务体系和全球资本支配体系中，考察城市的总部集聚度和网络关联度；其三，针对城市的网络关联度，考察城市的外向辐射度和内向集聚度；其四，基于城市的外向辐射度和内向集聚度，识别中心城市属性和门户城市属性。城市的外向辐射度越高，中心城市属性就越显著；城市的内向集聚度越高，门户城市属性就越显著。

上海更多地显示了中心城市属性还是门户城市属性？中心城市更多的是外向辐射度（也就是发力），门户城市更多的是内向集聚度（也就是受力）。作为领先的全球城市，纽约和伦敦既有中心城市属性，又有门户城市属性。英国的全球化与世界城市研究中心（GaWC），根据高端生产性服务业的 175 家世界主要企业的总部和各级分支机构分布，识别和解析全球城市关联网络。它认为，全球城市的核心产业不是企业总部，而是高端生产性服务业。

伦敦和纽约在高端生产性服务业的全球关联网络中始终处于绝对主导地位，中国香港、法国巴黎、新加坡和日本东京始终处于重要地位。与此同时，亚太区域的其他主要城市迅速崛起，北京和上海分别从 2000 年的第 36 位和第 31 位上升到 2018 年的第 4 位和第 6 位。作为长三角地区乃至国家门户城市，上海是高端生产性服务业跨国公司分支机构的集聚地，内向集聚度远远高于外向辐射度。2001年中国加入世贸组织以后，吸引了越来越多的制造业外商直接投资，生产性服务业的外商直接投资也随之进入中国大陆市场，为外资制造业提供高端生产性服务。如今，长三角地区已经成为世界级的外资制造业基地，上海则是为长三角地区提供高端生产性服务的门户城市。

在三个不同的历史时期，上海曾经编制过五版城市总体规划，城市目标定位都呈现出鲜明的时代烙印。第一阶段的两版总体规划是 1927 年的《大上海计划》和 1946 年的《上海市都市计划》，突出港口和工商中心。1927 年《大上海计划》依据孙中山先生在《建国方略》中提出的东方大港设想，城市目标定位是"设世界港于上海"。在 1946 年《上海市都市计划》中，一批留学归国的规划师带来西方的规划理念，城市目标定位是"上海为港埠都市，亦将为全国最大工商业中心之一"。第二阶段的两版总体规划是

心城市属性。尽管上海境外跨国公司地区总部数量不少，但亚太地区总部占比很低，在沪跨国公司地区总部主要面向国内市场。这表明，作为境外跨国公司分支机构集聚地，上海是长三角地区乃至国家的"门户城市"，发挥向外连接全球网络和向内辐射区域腹地的"两个扇面"作用。上海作为全球城市，既要强调经济和科技的创新支撑，又要关注人文支撑和生态支撑。除了发展机遇、环境标准、生活质量，还要应对气候变化。并不是一味强调经济竞争力，还要老百姓生活好，要做有温度的城市，改善城市的碳排放，关注气候变化。

那么，如何提升上海的全球城市功能呢？第一，要追求全面发展，国际视野下的全球城市竞争力可以归纳为三个发展维度和四个支撑维度。提高城市经济影响力、科技影响力和文化影响力，打造廉洁公正的体制资本、精英汇聚的人力资本、绿色安全的环境资本、高效宜居的物质资本。

第二，要明确上海的阶段性建设进程。从国家门户城市到区域门户城市，从国家中心城市到全球中心城市，上海迈向卓越的全球城市任重而道远，不可能一蹴而就。发展进程至少可以分为两个阶段，分别对标不同层级的全球城市。上海的第一阶段发展目标，是从国家中心城市迈向亚太中心城市，从国家门户城市迈向亚太门户城市，主要对标中国香港和新加坡，也要借鉴纽约和伦敦的区域门户城市属性。上海的第二阶段发展目标，是从亚太中心城市迈向全球中心城市，主要对标案例是纽约和伦敦，也要借鉴巴黎和东京的全球中心城市属性。

第三，将城市发展与国家发展相结合，认清上海城市发展进程与国家总体发展进程密切相关，上海城市发展受到国家体制改革进程的决定性影响。只有伴随着中国经济实力不断强大，体制改革不断推进，上海才有可能迈向卓越的全球城市。基于国家体制语境的决定性影响，在不断深化地方体制改革的同时，更要积极争取国家层面的体制改革试点，使试点首先落户上海。

迈向卓越的全球城市，上海的对标城市可以分为三个层级。作为全球中心城市和区域门户城市的纽约和伦敦，是最高层级的对标城市；作为全球中心城市和国家门户城市的巴黎和东京，是第二层级的对标城市；作为亚太中心城市和亚太门户城市的中国香港和新加坡，是第三层级的对标城市。各类全球城市排行榜显示，上海与对标城市的主要差距在于综合竞争力，从跟跑到并跑、领跑，不是一蹴而就的。我们应当明确阶段性目标，放眼长远。实际上，形成明确的阶段目标未必需要设置精准的达标时限，因为何时能够达到目标并非仅仅取决于上海的自身努力，而是与外部发展环境密切相关的。

新一轮的城市总体规划在发展模式上提出了转型要求，上海和长三角发展都在转型。新一轮的上海城市总体规划提出三个转型：第一是认识未来发展的不确定性，强调底线思维，包括人口底线、土地底线、生态底线、安全底线；第二是从外延拓展到内涵提升的转型，如何从城市有机更新的存量中寻求发展的增量？这与城市的生长周期有关，从城市生长期到城市成熟期，增量的新开发越来越少，而存量的再开发越来越多，历史遗产是显著升值的。第三是从刚性管控到弹性适应的转型，我们要与时俱进，认识未来发展的多种可能情景，强调城市规划中的留白机制（叫做战略预留地）。留白土地不是说不能用，而是为应对未来发展不确定性的弹性土地使用而暂时不用。

新一轮的总体规划还采用了中央活动区的概念，形成全球城市的综合功能承载区，包括金融商务、科技创新、文化艺术、零售购物、旅游休闲等。我们做了公众意愿调查，发现公众对创意城市、智慧城市、安全城市、宜居城市、关怀城市等都有着各种诉求，这些都是城市发展追求的目标。首先，要提高地铁网络密度。上海的一个问题是地铁网络密度不够高，我们的地铁系统比巴黎、纽约、伦敦都要新，但网络密度有待提高。其次，我们要打造15分钟社区生活圈，社区生活服务在15分钟以内都要解决。第三，满足公众对公共开放空间的需求，在5分钟步行范围内要有公共开放空间。

最后，城市总体规划实施的评估指标包括活力之城、人文之城和生态之城三个领域，我们正在密切观察上海是不是正在迈向这些目标、是否需要调整相关策略。希望上海能够在迈向全球卓越城市的路上走得长远，走得稳健。

活得都很幸福，但是为什么还有这么多人要求移民？他问我能不能劝他们不要移民，待在中国。我答："我鼓励他移民。之前有做过个小小的研究，至少70%的人出国之后会变得更加爱国，不管他加入或不加入别国的国籍，一出国就爱国，效果比任何教育还要好！"而且我仔细查了有关移民的数据，我们现在移民还非常之少，就2012—2015年的数据，年均移民数是19万，这是个什么概念？波兰是所谓的民族国家，2015年时人口4 000多万，而光2014年移民就有50万人。

我对移民问题的理解是，这是围城现象，如果你想移民美国的话，可以从上海的浦东机场到纽约任何一个机场，先感受一下什么叫做从第一世界的机场到第三世界的机场。美国基础设施都是20世纪60年代的，怎么跟中国比？如果你有胆量的话，也可以在纽瓦克①体验一下晚上出门。如果你不幸地坠入美国的第三世界，你的生命安全也许都得不到保障，如果你向往像很多留学生那样，通过自己的努力进入美国所谓的第二世界，成为中产阶级，你也可以问问那些已经成为中产阶级的移民：过去20年实际收入有没有增长？如果买了房子，房子有没有增值？对于以后在美国的退休生活有没有信心？

---

① 纽瓦克市是美国新泽西州最大港市，是大纽约市的一部分，纽瓦克自由国际机场是纽约三大机场之一。

我不是说美国什么都不好，美国也有很多地方不错，但是我们应该平视美国，平视西方，既不要仰视，也不要忽视。中国发展到今天这个地步，其进步无疑是世界上最大的。

如果看经济总量，在不久的将来，我国根据官方汇率计算的 GDP 应该超过美国。如果根据购买力评价，即你的货币实际能够买到多少东西，这样来计算的话，中国已经超过了美国，成为世界最大的经济体。但是有的人还是不自信，说即使中国总量超过美国，但人口也是美国的 4 倍多，人均 GDP 还是美国的 1/4。对此，我以为可以换一个指标体系来衡量，首先是世界各国家庭净资产，具体来说，指房产、股票、债券、储蓄等加在一起，去掉所有的债，每个家庭有多少净资产。根据美联储的报告，2010 年美国的家庭净资产中位水平是 77 300 元美金。实际上，美国是债务型的国家经济，个人消费也多是负债消费，你把债务都去掉以后，资产确实不是特别高。

另一个重要的指标系统是人均预期寿命。中国 2019 年人均预期寿命是 76 岁，美国是 79 岁，比中国多三岁，而中国的人口是美国的 4 倍多，我们的发达地区，如：北京、上海，人均预期寿命都是 82 岁，纽约才 79 岁，为什么？我觉得邓小平讲过一句很好的话，因为我们实行的是社会主义制度，所以我们人民得到的实惠可能会比较多。此外，最富的一百个中国人不可能左右中共中央政治局，而最富的二三十个美国人可以左右白宫。所以我们讲超越美国，超越西方不仅是经济总量，不仅是百姓财富，而且也是话语的超越。

讲超越，我们实际上还要讲政治制度的超越，这是一个重要的方面。我写过一篇评论《选贤任能挑战西方民主》[①]，我们的执政团队，基本的要求都是有多省市、多人口的实际治理经验，熟悉国家的政治、经济、军事、社会方方面面。虽然我国选贤任人的制度还可以再完善，但这个制度是世界上最具有竞争力的，绝对不会像美国那样"总是选出二流的领导人"[②]。

回到 2011 年我与福山先生的那场辩论。当时，他在会上问了我一个很尖锐的问题：你们总说西方制度不适合中国，但是为什么除了中国之外，亚洲其他国家几乎都采用了西方的政治制度？我说，中国取得的成绩超过了所有其他亚洲国家的成绩的总和。所以我们的制度有自己独特的优势，我们非常欢迎制度竞争。后来这个会议结束，他就问我有没有数据支撑，我说当然有数据支撑。第一，消除贫困的人数；第二，创造的中产阶级的人数；第三，对世界经济的贡献水平。我们现在对世界经济增长的贡献超过美

---

① 张维为.选贤任能挑战西方民主[J].求是，2012（23）：64.
② 引自《西方民主出了什么问题》（What's gone wrong with democracy），《经济学人》，2014 年 3 月。

国，有这三个数据基本上就可以佐证我的观点：我们超过了所有的其他亚洲国家成绩的总和。这个就是我和福山先生的辩论，我的理论非常简单，中国的快速发展，越来越证明历史终结论要终结了。

中国快速发展不是西方可以理解的历史终结论的逻辑，而是有自己独特的逻辑，我叫做文明型国家的逻辑。谈中国的快速发展，最好有一个国际视角，就是在全世界范围内进行比较。我把世界上的国家分成几大类，第一类是发展中国家，第二类是转型经济国家，第三类是西方国家，然后把中国过去 30 多年的情况跟他们比一比，这之后得出的结论应该是比较慎重的。

首先是和发展中国家比，中国的成绩毫无疑问超过其他发展中国家成绩的总和。把印度、巴基斯坦、孟加拉、埃及、南非、巴西等等成绩加在一起，不如中国。道理很简单，发展中国家面临的最大的问题几乎都是一样的，就是贫困问题，或者叫严重的贫困问题。按照世界银行的标准，40 年间世界 80% 的贫困是在中国消除的。换句话说，如果没有中国扶贫的成绩，世界整体的贫困状况可能不是减轻，而是会继续加重。

其次，和转型经济国家比，我们的成绩也超过其他转型经济国家成绩的总和。苏联解体的时候，俄罗斯的经济规模比中国还大，今天俄罗斯的经济规模只有中国的 1/5。

我们总是听到印度崛起，印度尽管有 IT 产业、制药业这些新兴的产业，但是没有创造很多就业机会。从数据来看，其人均寿命、婴儿死亡率、电力覆盖率、识字率等指标均低于中国最落后地区，因而其崛起与中国自然不能比。

最后，跟西方国家或者发达国家比。我自己现在初步的结论是，我们已经形成了一个人口规模达到美国人口的发达板块，这个板块的硬件是全面超越西方国家的，特别是超越美国。中国游客在日本爆买曾引发众多舆论关注，网上一些评论提到中国制造业落后，我就专门查了中国制造业与日本制造业的资料，一个材料显示，中国有全球最好的特高压和智能电网技术，有全球最发达的 80 万千瓦水轮机制造技术，世界上最高效的超临界火电机组在中国，中国还完成了大量世界性大工程，包括港珠澳大桥、高速铁路网、飞机、隐形战机、大型运输机、量子通信、高性能计算机、北斗卫星导航系统、页岩气开发等等。其实这些方面我们现在都领先日本，有这么大一个板块的一流制造业的话，平视日本是可以的。20 多年前的时候，我们用的家用电器主要是日本品牌，现在绝大部分用的都是国产品牌，说明中国发展是很迅速的。

但不是说我们十全十美，我们也有很多的问题，但是确实是可以跟西方、发达国家比，可以平视我们的对手，不要仰视，我觉得这个很重要。而读懂中国也要有一些新的标准，我们把它叫做新的视角。

我们现在官方的表述是中国进步非常快，现在我们的经济总量是世界第二，仅次于美国，但是我们一定要反复讲，中国还是一个发展中国家，人均 GDP 还相当低。但我自己不太用这个表述方法，因为我走的地方越多，就越觉得用人均 GDP 描绘中国这么一个超大型的国家，往往严重失真。所以首先，我是把中国分成一个发达板块和一个新兴板块，这两板块高度的良性互动，意味着什么？意味着发达板块有更多的机遇，这两个板块互相帮助，互相提醒。

其次，我是比较主张用购买力评价这一标准的，前文已经提过。香港最后一任港督曾写过一篇文章，他说以他对中国的了解，中国的经济规模只是英国的 1/3，当时我们如果根据官方 GDP 计算的话，经济规模只有英国的 1/3，但如果根据购买力评价的话，当时中国的经济规模已接近三个英国了，这就是两种计算方法的差别导致的，这种"误差"有时候会导致地缘政治和世界政治经济格局中的严重的误判。

最后是家庭净资产，这个指标就比较能够说明问题。对于这个标准，应该剔除农村，为什么呢？我们农村的家庭净资产虽然只是 30 多万，比城市低很多，但关键我们农村现在土地还没有价格，除了在土地流转试验的地方有价格、大部分地方还没有价格，那么这样计算出的农村的家庭经济资产就有失公允。而美国净资产是包括土地的。从另一个角度说，中国的城镇人口今天已经是7个亿了，是美国人口的两倍多了，用这么大个群体跟美国比也是公道的，以这个数据来比，两国差别并不是很大。根据中国2010年的统计资料，如果你是用中国的发达板块，用上海作为同期来比较，相当于美国家庭净资产中位数的47万元人民币的净资产在上海是中等偏下的一个水准了，这说明我国经济的巨大发展。2015年时，美国曾有一个民意调查，说此时此刻如果遇到紧急情况，你能不能拿出400元美金？400元美金，相当于约3 000元人民币，46%的人说拿不出来。我还曾在四川县城里碰到一个非洲的朋友，是个经济学家，他来借鉴中国扶贫经验。他跟我讲，他不敢相信中国贫困县的县城，比他们的首都都漂亮。

然后我讲一下为什么要对中国道路自信，我认为中国可以超越美国，主要体现在以下四方面。

第一是经济总量的超越，刚才作过解释，如果我们把中国的GDP的计算方法调整一下，跟美国的计算方法一样，再重新计算一下，恐怕中国的GDP应该比现在要大很多，这是我的初步的研判。如果你走在街上看一看，你会发现到中国任何一个省会，从上海、北京、天津到乌鲁木齐、呼和浩特、成都，再到重庆、昆明，街上开的车都比欧洲人和美国人好，老百姓的手机都比欧洲人和美国人的好，家用电器同样如此。同时，中国出境游旅客数也呈爆发性增长，且这数据还在拼命地增长，这背后都是中国总的财富的爆炸。

第二是百姓财富的超越，如前文提到，如果用家庭净资产计算的话，中国人的财富和发达国家人民是可以一比的。如果把今天中国的房产都算进去的话，中国如今家庭净资产的水平可以跟任何一个发达国家叫板。过去我们觉得西方非常富，今天实际上中国老百姓真的富裕起来了。

第三是社会保障，我就讲讲医保和养老，将中国跟美国比较。我在《中国超越》这本书里，曾引用了一个网上的帖子，有一个中国留学生在美国加州，他说曾经认为在每个月支付了上千美金的医疗保险之后，有病是可以直接上医院的，但在美国是不行的，你一般要提前 3—4 周预约。他曾以为，化验结果是可以在医院走两三步就拿到的，并且同时可以拿上药；大出血，医生是会让输血的；心肌梗死，急救车拉一下是不会破产的；半夜输液是不用付过夜费的；生完孩子后是可以在医院里住两天的。如果你今天还敢这么认为的话，那是因为你生活在一个能够满足上述条件的国家，这就是中国。美国不是没有这些，但美国的医疗保险首先很贵，其次它是私营机构做的，一般穷的学生，甚至刚刚找到工作的人，它都不接受投保。因此，根据美国的统计，占总人口约 1/6 的人一点医疗保险都没有。与之对应，美国的养老保险在过去 20 年，总体也是每况愈下。

第四就是政治话语的超越，民主与专制的单一评判过时了，我们要用良政还是劣政来替代。我到处讲这个观点，现在西方不少人开始接受了。

有人叫我总结，究竟什么是中国道路、中国模式。我觉得中国道路或者中国模式本质上是超越西方模式的，可以从经济、社会、政治三个领域展开。

在经济领域，我们是混合经济，我觉得它是超越美国华盛顿共识的。华盛顿共识是一整套新自由主义的政治经济理论，认为市场可以解决所有的问题。我们现在很强调全面深化改革，包括经济改革，但是我们现在实行的这个模式从 1994 年党中央提出来，到现在已经过去 20 多年，中国是世界上唯一的没有经历过西方意义上的金融危机、债务危机和经济危机的国家，而且老百姓的生活大幅度改善，其规模、速度，在人类历史上都没有见到过。而西方国家，美国也好，加拿大也好，欧洲多数国家也好，在过去 20 年多年里，多数人的实际收入没有增加，这是他们最大的一个硬伤。

在社会领域，我们的模式，我理解为：社会与国家两者的高度良性互动。在美国模式里，政府是恶的，民众要监督它，他们的传统是这样的。而中国传统不是这样，中国传统中政府势必是善的，政府一定是要做很多事情。这一差异是历史传承不一样形成的。因此，就社会与国家政府的关系，中美两国一个是良性互动，一个是高度对抗，我觉得中国这个模式是超越美国模式的。

在政治领域，中国模式的特点，可以概括为选拔加选举。选拔的历史渊源就是选贤任能，包括我们的科举考试，甚至可以追溯到汉朝的察举制，即地方推荐官员给中央。这个模式就超越了所谓的光依靠选举的模式。

我觉得要把中国道路说清楚，一定要先把中国共产党的概念说清楚。中国共产党和西方政党是不同的概念，大家都叫党，但实际上是两码事。西方政党的概念来源于一个词汇，就是 party。这个词来自于 part，所以西方政党理论是很简单的：政党代表一部分人。比如：美国的共和党代表比较富的人，民主党代表不那么富的人。社会是由不同利益集团组成的，不同利益集团都要有自己代表，于是就有了多党制和票决制。如果你得到 51% 的票，我得到 49% 的票，你就赢，我就输。当然，前提是大家接受这种制度，不能说差 1% 就不服，很多国家都有这样的问题。中国共产党有我们历史的传承，也借鉴了很多西方的元素，这要求我们实事求是，并坚持高度的现代化导向，现在在世界范围内，大概只有中国共产党制定有明确定量的实现现代化的指标，从邓小平的"三步走"，到现在"两个一百年"，再到每个五年计划，都体现出了中国共产党舍我其谁的历史担当。

影响政治的力量，我们可以梳理为资本力量、政治力量、社会力量。对美国来说，在这三种力量的关系中，资本力量最大，这是美国今天最严重的问题。谁左右了竞选捐款，谁就左右了政治力量和社会力量。美国最大的敌人不是中国，也不是俄罗斯，是华尔街。华尔街玩这个"钱生钱"的游戏已经上瘾，现在继续在玩，把美国的经济玩空了。而如果没有实体经济支撑，美国的政治力量是没法推动华尔街改革的。

西方民主模式的困境，首先是金钱政治，其次是否决制度，第三是债务经济。这是我眼中西方的三个基因缺陷。从人类历史长河来看，民主制度可能是昙花一现，为什么这样说？西方民主起源于古希腊，雅典城邦当时的人口规模只有很少的几万人。到西方国家完成现代化，"民主"一词又开始变成褒义，最后到工业化全部完成之后，西方逐步变成多党制，一人一票。它假设人是理性的，但当金钱、媒体卷入之后，民意其实很容易被左右。如果西方制度解决不了这三个基因缺陷的话，那我更看好中国模式。

　　理解中国道路，一定要理解其背后的文明。中国是一个文明型国家，是没有中断过的五千年古老文明和一个超大型的现代国家结合在一起，这在世界上独一无二。我们知道，古埃及文明，古印度文明，两河流域文明，由于种种原因都中断了，只有中国文明没有中断，延续至今，我们中国人都是生活在自己土地上的原住民，这个非常重要。为什么提这个概念？五千年不断的传统意味着什么？我觉得，它意味着很多东西是自己的传统和文化基因决定的，它意味着我们做的事情不需要西方人认可，就像中国人讲汉语，不需要英语来认可；就像孔夫子不需要柏拉图来认可；我们的宏观调控不需要美联储来认可；中国特色社会主义也不需要美国特色的资本主义来认可。我们很多东西都不需要别人的认可，随着中国的进一步发展，将会出现我们认可不认可别人的问题，所以中国人一定要自信。

　　文明型国家主要的特征是四个"超"：超大型的人口规模，超广阔的疆域国土，超悠久的历史传统，超丰富的文化积淀。我先简单地解释一下超大型的人口规模。中国是世界上人口最多的国家，但是只有在国际范围内横向、纵向的比较中，才能更好地理解这个概念。我们这几年春运基本稳定在每年30亿左右人次，这是什么概念？这大概意味着在一个月里面，你要把整个南北美洲、欧盟国家、日本、俄罗斯和非洲的人口，从一个地方挪到另外一个地方，中国面临的就是这样一种规模的挑战。没有任何一种其他政治制度或者治理方式，能够很好地应对这样的挑战。中国基本上做到了，这很不容易。

我曾考察过我国台湾地区 8 次，台湾地区的民主评价非常低。现在所有的民意调查都证明，台湾民众是从希望到失望的。一个非西方社会采用西方政治制度的话，基本上是从希望到失望、从失望到绝望的。台湾地区会不会从希望到绝望？不能完全排除可能。但现在台湾地区不会绝望，为什么？因为有中国道路和中国模式。中国大陆迅速发展，给台湾地区创造大量的机会，有一百多万台湾同胞在中国大陆生活、工作、学习。而中国大陆在这些年来又发生了什么事情？我们建了世界上规模最大的高速公路、世界一流的高铁网，我们所有一线城市都建了地铁。我不是说我们的制度完美无缺，大规模的基础设施建设也有它的代价，但是总体上来看，不得不说这是一个巨大的成功，成绩远远大于问题。

说到底，两种政治经济制度的发酵，实际上是两种历史逻辑在起作用。一种是"历史终结论"的逻辑：历史发展是单线的，从极权主义到威权主义再到民主化。另一种是文明型国家的逻辑：历史上中国长期领先西方，有其深刻的原因，我把它叫作原因一；18 世纪开始落后于西方，有着沉痛的教训，现在又在赶超西方，而且总体上做得比较好，还可以做得更好，而这种成功的赶超也有其深刻的原因，我称之为原因二；原因二和原因一是一种继承关系，这就是中国崛起的逻辑。从哲学角度来讲，这个世界上历来都有不同制度在衍生，不同制度间相互学习、相互借鉴，当然也会产生剧烈冲突，最后是相对比较好的胜出。

我当年给邓小平同志做翻译，当时津巴布韦共和国的领导人叫穆加贝，他觉得中国改革开放是在走资本主义道路，于是他当着邓小平同志的面指出了这一点。邓小平同志给他解释说我们有中国共产党的领导。邓小平同志在20世纪80年代曾多次谈到对于社会主义的理解和摸索。尽管改革开放的成绩巨大，但出现过很多问题。比如东西部差距拉大了，就实行中西部开发计划；再比如医疗改革市场化走太远了，就由中国共产党把握方向，兼顾公有制占主体的性质进行"再改革"。我觉得这就是邓小平同志的基本思路，坚持公有制和坚持党的领导，不管出现多少问题都可以纠正。

以上便是我所理解的全球视野下的中国道路及前景，因此我的结论也很简单，七个字：中国人，你要自信！